Kamasutra
für Frauen

Kamasutra für Frauen

Sandhya Mulchandani

GONDROM

Inhalt

6
Einführung
Das Kamasutra des Vatsyayana

26
Die Kunst der Verführung
Shringara

54
Die Quellen der Lust
Vorspiel

80
Leidenschaft wecken
Stellungen

126
Die Grenzen sinnlicher Freuden
überschreiten

Einführung
Das Kamasutra des Vatsyayana

Weil Frauen und Männer derselben Art angehören, sollten sie das gleiche Vergnügen in der Sexualität anstreben. Eine Frau sollte deshalb das Kamasutra oder wenigstens Teile davon kennen und die Praktiken beherrschen.

„Im Anfang war das Verlangen; es war das erste Samenkorn des Verstandes", sagt der Rigveda. Nach der hinduistischen Kosmologie entstand das Leben aus dem anfänglichen Chaos und der Unordnung. Im Laufe der Zeit erfuhr diese Auffassung eine Erweiterung: Die Schöpfung selbst galt als erotische Manifestation des Heiligen, die im Universum verankert ist.

Durch diese Wahrnehmung der Welt hatten die Menschen in früheren Zeiten eine enge Verbindung zur Natur. Genauso wie die Erde Getreide hervorbringt, die Bäume Früchte tragen und die Tiere Junge bekommen, genossen die Frauen und Männer ihre Sexualität, die ein neues Wesen entstehen lässt, und staunten über das Wunder der Geburt. Die menschliche Sexualität wurde mit Ehrfurcht und Verwunderung betrachtet, und die Vereinigung von Mann und Frau galt als etwas Magisches. Es entstand das Bedürfnis, diese Momente zu verstehen und zu erhalten. Das Studium der Sexualität wurde zu einer Triebfeder der menschlichen Existenz, die wiederum durch die Sexualität bestimmt wird.

Das Verlangen nach sinnlichen Freuden wurde als ein Aspekt der spirituellen Vereinigung verstanden, die als höchstes Ziel angestrebt wurde. Dieses Streben wurde ebenso hinterfragt und ergründet wie *Ananda* (Glückseligkeit) und *Sukha* (Vergnügen und Glück), das auch die sexuelle Lust einschließt.

Man hat der indischen Philosophie und Religion oft vorgeworfen, sie sei jenseitsorientiert, und ihre Anhänger wurden als weltfremde, entrückte Einsiedler charakterisiert. Dieses Klischee übersieht einen wichtigen Punkt: Das Eintreten der Hindureligion und -philosophie für die weltlichen Belange, das so weit geht, dass körperliche Lust nicht geleugnet, sondern als eines der wichtigsten Ziele des Lebens und der Erfüllung angesehen wird.

Doch die Hindus beschränkten sich nicht auf das alleinige Studium der Liebe, sondern erforschten alle Feinheiten und Praktiken, die das Leben lebenswert machen. Nach der traditionellen Vorstellung wird das menschliche Leben von drei Zielen (*trivarga*) bestimmt: Das Bemühen um gutes *Dharma* oder richtiges Verhalten, nützliches *Artha* oder materielle Güter und Wohlstand sowie *Kama*, wozu die Liebe und alle sinnlichen Vergnügungen gehören. Beherzigt man diese drei Aspekte des Lebens, wird man ein glückliches und zufriedenes Leben führen, und zwar sowohl in dieser als auch in der nächsten Welt. Daher hängt im Leben alles vom richtigen Ort, dem richtigen Zeitpunkt und der richtigen Person ab, oder von *desa*, *kala* und *patra*. Wenn man diese Aspekte richtig und ausgewogen kombiniert, kann man die Bedeutung und Schönheit des Lebens und der menschlichen Beziehungen erfahren. Andererseits führt die Vernachlässigung von einem dieser Bereiche zu einem gefährlichen Ungleichgewicht und einer verminderten Stabilität.

Im alten Indien wurde die Erotik zu einer Wissenschaft (*Shastra*). Die Sinne wurden als eine Verfeinerung des Körperlichen auf einer höheren Bewusstseinsebene angesehen, und Sex stellte einen wesentlichen Bestandteil eines erfüllten Lebens dar. Also studierten die Gelehrten nicht nur Sex, sondern praktizierten und zergliederten ihn, klassifizierten seine vielfältigen Spielarten und Techniken und gaben ihr

Wissen weiter. Sie erforschten nicht nur die körperliche Seite des Geschlechtsverkehrs, sondern untersuchten all seine Aspekte, seien es die Freuden oder Fallstricke – Impotenz, ungleiche Erwartungen, *Shringana* (die Kunst des Schmückens) und die 64 Wege der Künste, männliche Potenz und Aphrodisiaka, Verhaltensregeln und Umgangsformen, Bürger und Kurtisanen. Sie ließen keinen gesellschaftlichen Bereich aus. Je mehr die Gelehrten jedoch forschten und kommentierten, zusammentrugen und klassifizierten, desto unübersichtlicher wurde ihr Werk.

Zwischen dem 2. und 4. Jahrhundert n. Chr. stellte schließlich Vatsyayana, ein keuscher Mönch, einen Auszug des gesamten Themas zu einem verständlichen und kürzeren Werk zusammen, das die gesellschaftlichen Umstände berücksichtigte. Obwohl das *Kamasutra* heute als ein Handbuch angesehen wird, das unmögliche sexuelle Stellungen und Techniken des Geschlechtsverkehrs beschreibt, gibt es den Blick auf ein altes hinduistisches Erbe frei, das sich von den meisten philosophischen, historischen und religiösen Diskursen unterscheidet. Es bietet Einblicke in das soziale, kulturelle und erotische Leben von Menschen, die energievoll, lebensbejahend, tolerant und ihrer Zeit überraschend weit voraus waren. Die oft übertriebene Sexualität, die man in den Schriften und der Kunst jener Zeit findet, zeugt zwar von der ausgeprägten Sexualität der Gesellschaft,

doch ist diese in erster Linie religiös bestimmt. Vatsyayanas Werk betonte und bestärkte die Haltung gegenüber der Sexualität und wurde so zum Zeugnis einer hoch entwickelten Kultur.

Vatsyayana beschränkte sich nicht auf das Zusammenspiel von Männern und Frauen, wie es in den sieben Büchern des *Kamasutra* beschrieben ist: allgemeine Grundlagen, sexuelle Vereinigung, Werbung und Heirat, die Ehefrau, die Ehefrauen anderer verführen, Kurtisanen und erotische Überlieferungen. Die alten Inder waren meist heterosexuell; Heirat gehörte mit zu den erstrebenswertesten Zielen einer respektvollen und sicheren Beziehung zwischen Liebenden. Monogamie war eher die Regel als die Ausnahme und basierte auf beiderseitigem Respekt, beiderseitiger Liebe, Vertrauen und dem Anspruch beider, sexuelle Erfüllung zu finden. Jedoch wussten die Gelehrten des alten Indiens auch, dass das Fehlen von sexueller Befriedigung in einer ansonsten glücklichen Ehe zu Abenteuern außerhalb der Institution und so zu einer Vielzahl von Partnern führen kann. Ehebruch war jedoch nichts Ungewöhnliches, zumal wenn in einer ansonsten glücklichen Ehe die sexuelle Befriedigung fehlte.

Neugierde führte zum Studium der Sexualität, das die menschliche Existenz bereichert

In der hinduistischen Mythologie gibt es unzählige Geschichten darüber, wie die Götter selbst ehebrecherische Gedanken hegten und entsprechende Taten folgen ließen. Das *Kamasutra* bleibt somit im gesellschaftlich akzeptierten Rahmen seiner Zeit, in der Kurtisanen (*Ganikas*) respektiert und angesehen waren. Es berichtet über außereheliche Beziehungen zu einer *Parkiya* (eine Frau, die nicht die eigene ist) und beschreibt genau, wie diese verführt werden kann; es finden sich Schilderungen über Beziehungen zu Hausmädchen und über Freudenhäuser, in denen die Frauen in der Kunst der Liebe geschult waren. Genauso wenig wurden andere Aspekte der Sexualität verschwiegen – der Text erforscht alle Möglichkeiten sexueller Beziehungen – Männer, Frauen, Homosexuelle, Lesbierinnen, Prostituierte und Eunuchen oder Personen der "dritten Natur".

Das alte Indien wurde oft als Meilenstein in der Geschichte der indischen Frauen bezeichnet. Obwohl die vedische Gesellschaft patriarchalisch war, galt auf dem Gebiet der Lust Gleichberechtigung unter den Geschlechtern. Man glaubte, dass Sex ohne beiderseitige Lust und Befriedigung leblos und leer sei. Vatsyayana brauchte die

Die Lehre der erotischen Kunstfertigkeit war für Töchter von Königen und Ministern sowie Kurtisanen bestimmt, doch sollten in einer idealen Gesellschaft alle Frauen das Kamasutra kennen und praktizieren

Gleichberechtigung nicht zu betonen. Als er sein Werk schrieb, wurden Frauen gleich behandelt und Geschlechtsverkehr wurde als mehr angesehen als reine Bedürfnisbefriedigung. Vatsyayana drückte es so aus: "Weil sie zur selben Art gehören, streben sie nach dem gleichen Vergnügen in sexuellen Beziehungen." Dem gut situierten Bürger, für den das *Kamasutra* geschrieben worden war, riet er, auf die Befriedigung seiner Frau ebenso sorgsam zu achten wie auf seine eigene, denn sie sei ebenso leidenschaftlich wie er.

Der dauerhafte Erfolg des *Kamasutra* liegt in seiner modernen Einstellung gegenüber Sexualität und dem Verständnis dafür – fast zwei Jahrtausende bevor Feministinnen ihren rechtmäßigen Anteil am Leben forderten und Sexualität nicht mehr als das Vorrecht der Männer anerkannten. Heutzutage wird Sex oft zum Machtspiel. Männer und Frauen umkreisen und überwältigen einander und schließen den anderen in einen Käfig sexueller Wünsche ein, was oftmals in Gewalt und Unglück endet. Das erste Anzeichen einer gestörten Beziehung ist das Fehlen der sexuellen Lust. Vatsyayanas *Kamasutra* bietet die Möglichkeit gleichberechtigter Lust ohne Machtspiele zwischen den Geschlechtern. "Männer suchen wie Frauen nach Liebe: Frauen spielen die Hauptrolle im Geschlechtsakt", sagte Vatsyayana. Er empfiehlt den Männern, sich eine engagierte weibliche Geliebte zu suchen, die bereit ist, ihre Möglichkeiten zu erkunden, Freude an ihrem Körper hat und ihre sexuelle Lust so hemmungslos auslebt, dass sie dabei Energien entwickelt, die beide Liebenden zu den Gipfeln der Ekstase katapultieren.

Deshalb waren Frauen nicht damit zufrieden, der passive Teil zu sein, sondern verlangten nach lustvoller sexueller Befriedigung. Sie äußerten ohne zu zögern ihre sexuellen Wünsche, zeigten hemmungslos ihre Leidenschaft und übernahmen oftmals eine bestimmende Rolle auf sexuellem Gebiet. Sie lernten ihren Körper kennen – G-Punkte und andere stimulierende Körperzonen – und erfuhren von den Tagen und Zeiten im Monat, an denen sie die größte Lust erlangen konnten. Das *Kamasutra* spornt Männer an, ermutigt und lehrt sie, geschickte und einfühlsame Liebhaber zu sein. Es konzentriert sich auf die Kunst der Verführung, das Vorspiel und die Bedeutung, der Frau Lust zu verschaffen, doch auch die Kunst des Umwerbens, Romantik, die Techniken und Stellungen, die die Lust steigern und Frauen zum Orgasmus bringen, werden ausführlich behandelt.

Frauen waren mit ihrer Rolle als passive Partnerinnen nicht zufrieden, sondern forderten, dass ihr sexuelles Verlangen befriedigt wird

Vatsyayana glaubte jedoch, dass die Lust bei Männern und Frauen verschieden ist – sowohl körperlich wie auch geistig –, dass in den meisten Fällen die Männer die führende Rolle übernehmen, während die Frauen die untergeordnete Rolle einnehmen, und dass Frauen langsamer in Erregung geraten. Da diese Ungleichheiten notwendigerweise ins Unglück führen mussten, riet er, man solle jeweils nur eine Beziehung mit einem Menschen des gleichen Typs eingehen, was Temperament, Gefühlswelt, Erwartungen und körperliche Erscheinung angeht. Um die unterschiedlichen Persönlichkeitstypen zu klassifizieren, erstellte er Kategorien für alle Lebensbereiche.

Männer werden nach der Länge und Dicke ihres *lingams* oder Penis unterschiedlichen Typen zugeordnet. Ähnlich sind Frauen nach der unterschiedlichen Tiefe ihrer *yoni* oder Vagina untergliedert. Ausgehend von diesen körperlichen Merkmalen gibt es neun Möglichkeiten der Vereinigung zwischen Männern und Frauen. Entsprechend der Intensität und Stärke der Leidenschaft sind weitere neun Arten der Vereinigung möglich. Das Küssen teilt sich in vier Kategorien auf. Auch jede Art der Umarmung ist verschieden benannt. Zudem gibt es 64 unterschiedliche Liebesstellungen. Vatsyayana befasste sich auch mit Methoden des Liebesspiels, bei denen die Lippen, die Zunge und der Mund zum Einsatz kommen, er führte in die Spielarten des Analverkehrs ein und zeigte Wege im Umgang mit sexuellen Problemen auf. Man fragt sich: Kann eine solche Abhandlung die sexuelle Leistung erhöhen? Zugegeben, Technik ist kein Ersatz für Leidenschaft, wie Vatsyayana selbst zugab: "... die Texte helfen nur, wenn die Leidenschaft noch nicht entflammt ist: Aber wenn das Rad der sexuellen Ekstase einmal ins Rollen gekommen ist, ist keine Shastra oder sonstige Vorgabe mehr nötig."

Vatsyayana machte noch eine andere fundamentale Beobachtung: dass in jeder Beziehung zu Beginn der sexuelle Reiz vorwiegend ichbezogen ist. Soll die Beziehung aufblühen, müssen Männer selbstlos und altruistisch werden. Ohne Verständnis für die Wünsche der Partnerin, wird jedes Umwerben zum Scheitern verurteilt sein. Deshalb riet Vatsyayana dringend zu ausgefeilten und langen Liebesspielen. Sein Buch legt den Männer nahe, sich der unterschiedlichen Veranlagungen und Temperamente der Frauen beim Sex bewusst zu sein. Es rühmt die Tugend der Großmütigkeit in der Liebe und führt die unwissenden

männlichen Liebhaber in die Arten und Feinheiten des Liebesspiels ein, nach denen Frauen sich sehnen. "Die wertvollste Einsicht des *Kamasutras* ist die, dass die Lust kultiviert werden muss, dass im Königreich des Sex die Natur die Kultur braucht", so Dr. Sudhir Kakkar in seiner neusten Übersetzung des *Kamasutra*.

Wie wichtig das Vergnügen für beide ist, spiegelt sich in dem Wort *Sambhoga* wider, das nicht allein als Geschlechtsakt übersetzt wird, sondern als "beiderseitige Lust". So wurde die Gegenseitigkeit zum Schlüsselbegriff in der Kunst der Liebe: "Jeder Liebende muss die Gesten der oder des Geliebten mit gleicher Intensität erwidern, Kuss für Kuss und Umarmung für Umarmung. Gibt es keine Erwiderung, wird die oder der Geliebte deprimiert sein und den anderen für einen Stein halten. Das Ende wird eine sehr unbefriedigende Vereinigung sein. Gegenseitigkeit ist unabdingbar, um die Leidenschaft lebendig und entflammt zu erhalten." Vatsyayana rät vor allem: "Der Mann muss zu allen Zeiten jede Handlung der Frau, die er liebt, sorgfältig beobachten, um so ihre Leidenschaft und Vorlieben kennen zu lernen und entsprechend zu handeln, um ihr die größte Lust zu verschaffen." Das *Kamasutra* ist damit ein Leitfaden, der den unerfahrenen Mann lehrt, die Liebe gefühlvoller zu gestalten, und die Frau, das Verlangen zu entfachen.

Dieses Handbuch der Liebe beschreibt nicht nur die Art und Intensität des Verlangens, sondern auch jegliche Art der Vorbereitung: das Planen einer Verabredung, das Einsetzen von Botschaften und Vermittlern, verführerische Parfüme, die richtige Kleidung und das passende Benehmen genauso wie die Speisen, die gereicht werden sollten. Die Grundsätze des *Kama* besagten außerdem, dass eine Frau sich selbst respektieren, ihren Körper pflegen und für sein Wohlergehen sorgen solle. Ein gutes Aussehen, eine freundliche Persönlichkeit, Jugend und Großzügigkeit wurden als die notwendigen weiblichen

Eigenschaften angesehen, um einem Mann zu gefallen. Fehlen diese Eigenschaften, rät das *Kamasutra* Männern und Frauen zu einer List zu greifen. Dazu gibt es im Text detaillierte Tipps zu Kosmetika und Schönheitspflege, Parfümes und Kleidung, Schmuck und Verhalten.

Die Lehre von der Schönheit – die Kunst sich zu schmücken (*Alamkara* und *Rasa*, speziell *Shringara Rasa*) oder das Wesen der Anziehung ist ein wesentlicher Teil des indischen Wertekanons, die jeden Bereich des menschlichen Lebens durchdringt. Dieses Durchdrungensein von Schönheit und Sexualität findet sich in den Künsten, Gedichten, der Literatur und Bildhauerei des alten und mittelalterlichen Indien. Sogar der asketische Teil der indischen Gesellschaft hatte ein widersprüchliches Verhältnis zum Sinnlichen. In einer Kultur, wo man nach einer höheren Wahrheit strebt, über der die reine intellektuelle Erfahrung liegt, hatten die Künste die Aufgabe, einem philosophischen Ideal zu dienen. Auch die Erotik war eines dieser Ideale. Die Statuen in den Tempeln von Khajuraho und Konarak, die davon beeinflusst sind, scheinen sich über moderne Prüderie lustig zu machen. In den ausdrucksvollen Darstellungen der romantischen maithuna Figuren sind die allerletzten Tabus aufgehoben. Die intimsten und persönlichsten Details der menschlichen Beziehungen wurden in Stein gehauen und öffentlich gezeigt. Für einige bedeutete dies Dekadenz und Abkehr von geistiger Reinheit, für andere war es ein Zeichen von bemerkenswertem Fortschritt: die unverhohlene Anerkennung der Tatsache, dass die Gesellschaft die Fesseln einer heuchlerischen Prüderie abgelegt hat. Auf jeden Fall veranschaulichen diese Darstellungen sehr eindrucksvoll, dass zu jener Zeit die indische Religion nicht auf einer Verneinung des Weltlichen beruhte, sondern auf der offenen Anerkennung der grundlegenden menschlichen Bedürfnisse.

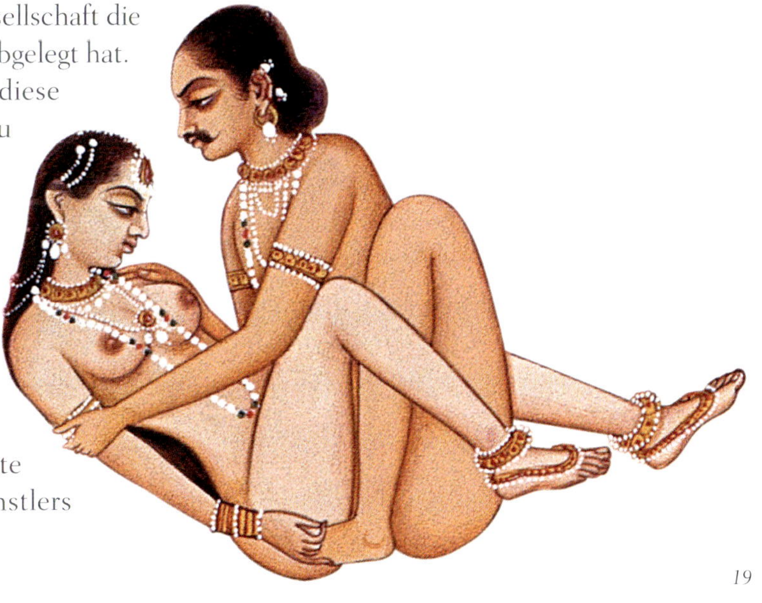

Auf dieser Basis entstanden Erzählungen und großartige künstlerische Darstellungen. Da das *Kamasutra* weder die Kunst einschränkte noch die Vorstellungskraft des Künstlers

konnte die indische Kunst bis zu jenen Orten vordringen, an denen gesellschaftliche Diskurse über die Lust stattfanden – dem Königshof, den adligen Herrenhäusern, den Boudoirs der Mädchen, den geheimen Gärten, den Nächten voller Mondschein.

Diese Orte wurden in indischen Miniatur-Bildern auf höchst poetische Weise wiedergegeben. Den Darstellungen liegt die Theorie von *rasa* zugrunde. Im weitesten Sinn bedeutet *rasa* die Beschreibung einer Stimmung, die zu den neun Grundlagen des Lebens gehört – den *nava rasas*. Die Theorie von *rasa* ist der Kern der indischen Kunst und nirgendwo kann man ihn besser erkennen als in den fantasievollen indischen Miniatur-Bildern. Die unzähligen Stimmungslagen einer *nayika* oder schönen jungen Frau, wenn sie sich anschickt ihren Liebhaber, *nayak,* zu treffen, die Erwartung im Gesicht eines Liebhabers, der auf seine Geliebte wartet, die sexuellen Energien während des Geschlechtsaktes – sie alle sind eingefangen und bis ins kleinste Detail ausgearbeitet. Im Hintergrund sind Darstellungen aus der Natur zu sehen: Vögel und Laubengänge, Regenwolken und Weinreben und – am wichtigsten – der Beginn des Frühlings, *Phalgun*. Diese Details wurden von indischen Künstlern mit liebevoller Anmut dargestellt und vermitteln ein Gefühl von Freude und Staunen oder eine Stimmung von unberührter Romantik und Erotik.

Im Mittelpunkt all dessen steht die Frau, paradoxerweise als Mätresse und Mutter, als Göttin und *ganika* (Kurtisane). In einem alten Sanskrit-Vers ist zu den Attributen einer Frau zu lesen: "In der Erfüllung ihrer Pflicht muss sie eine willige Dienerin sein, im Erteilen von Ratschlägen so weise wie ein Berater des Prinzen, in ihrer Erscheinung soll sie Lakshmi verkörpern, in Zeiten der Armut soll sie eine umsichtige Hausfrau sein, in Gefühlsdingen eine liebende Mutter und im Schlafzimmer faszinierend wie eine Kurtisane – das sind die sechs unabdingbaren Eigenschaften einer idealen Frau." Die Shastras sprechen sogar davon, dass das Lesen der *Catushasti-kala* oder 64 Kunstfertigkeiten zum Lehrplan in der Schule gehören sollte.

Im alten Indien wurde die Beschäftigung mit den Künsten nicht einer zufälligen Eingebung oder der individuellen Vorliebe überlassen, besonders im Falle der Frauen. Sie gehörten zu den Voraussetzungen, die ein Mädchen dazu befähigen sollten, eine gute Ehefrau und Geliebte zu sein. Daher lernte ein Mädchen zu singen und ein Instrument zu spielen, zu tanzen, zu schreiben, Gedichte zu verfassen, Blumen kunstvoll zu arrangieren, zu kochen und eine gute Geliebte zu sein. Frauen aus den unterschiedlichsten Lebensbereichen – Ehefrauen, Kurtisanen, unverheiratete Frauen, junge Mädchen, Schwestern – wurden angehalten, die Feinheiten körperlicher Liebe zu lernen. Man erwartete von einer Frau, dass sie mindestens 16 Kunstfertigkeiten beherrschte, bevor sie sich einen Ehemann suchte: die Gedanken des anderen erraten, eine liebevolle Ausdrucksweise, bei sanften Berührungen ihres Körpers durch Körpersprache ihr Einverständnis zeigen, liebevoll mit den Nägeln kratzen, zärtlich beißen, sich verführerisch ihre Wäsche ausziehen und ihre Geschlechtsteile darbieten, sich aktiv am Geschlechtsakt beteiligen und den Partner erregen, vollkommene Befriedigung erlangen und dasselbe für den Partner anstreben, den Partner zum Beischlaf ermutigen, spielerisch mit Ärger umgehen und so den wütenden Partner besänftigen, den Partner nicht wecken, wenn er nach dem Beischlaf einschläft, und so weiter.

So angeleitet waren die jungen Mädchen nicht nur in der Lage, ihre Ehemänner zu befriedigen, sondern zu unterscheiden zwischen konstruktiven und destruktiven sexuellen Wünschen. Das *Kamasutra* spielt dabei die Rolle des Beraters und Mentors, der Frauen in allen Aspekten der Beziehung berät, sei es darin Männern zu gefallen, sie freundlich abzuweisen, sie zu unterhalten oder sie zu wechseln!

Die ständig wiederkehrende Lektion im *Kamasutra* weist darauf hin, dass eine Beziehung stets Aufmerksamkeit erfordert,

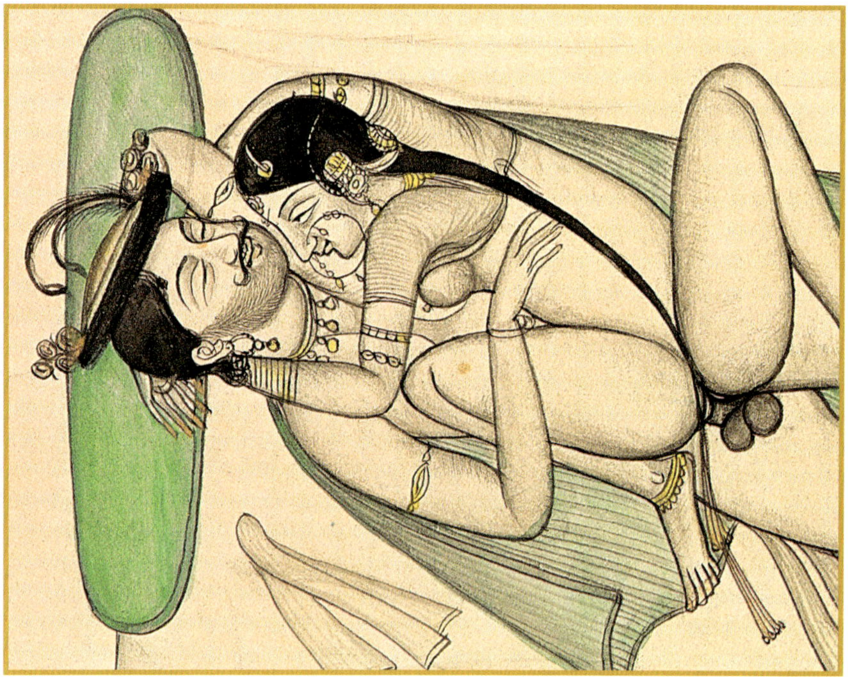

damit Sex nicht zu einer mechanischen Handlung verkommt. Der größte Feind des Sex ist die Langeweile. Daher ist die größte Herausforderung das sexuelle Interesse aufrecht zu erhalten. Bis heute beruht die Beziehung zwischen Mann und Frau auf einer harmonischen Nähe, dem Bedürfnis nach Befriedigung, einer beständigen sexuellen Anziehung und dem Wissen, dass es so ist.

Die Offenheit von Vatsayanas *Kamasutra* fehlt in unserer freizügigen Gesellschaft. Er spricht über Dinge, bei denen wir sogar heute noch verlegen werden oder uns schämen. Auch die psychologischen Erkenntnisse des *Kamasutra* über das emotionale Muster von Männern und Frauen sind immer noch spannend und gültig. Wie behandelt man einen depressiven Mann? Wie verhält sich eine Frau, wenn ein Mann Sex will und sie ist nicht in der Stimmung? Wie geht eine Frau mit einem Mann um, der auch andere Frauen attraktiv findet? Ungeachtet der weiblichen Emanzipation vermissen viele Frauen die Freuden des Orgasmus und halten an einer nicht-funktionierenden Beziehung fest. Der Text spricht diese Unsicherheiten, die unseren modernen Alltag bestimmen, genauso an wie den richtigen Umgang mit Ehebruch,

Eine Frau lernt schnell die Spielregeln der Liebe, auch wenn sie von Natur aus zurückhaltend ist

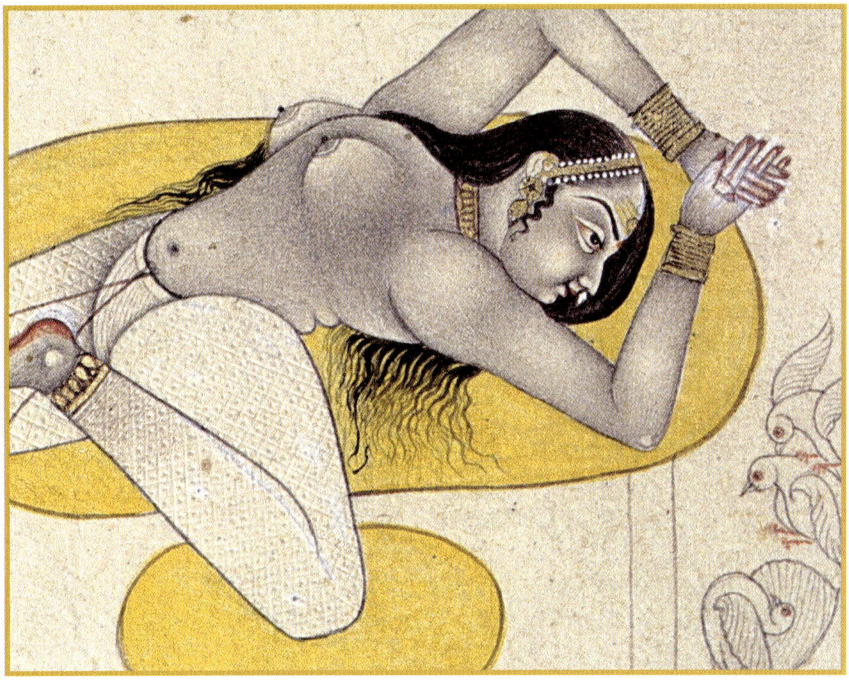

Prostitution, Homosexualität, Gruppensex oder Transvestismus. Im Gegensatz zur indischen Gesellschaft des 3. Jahrhunderts reagieren wir auf biologische Vorgaben und gesellschaftliche Konventionen mit einem Mangel an Bewusstsein und unreifem Verhalten, das in sexueller Belästigung, Vergewaltigung, Perversion, sexuellem Missbrauch, Gewalt in der Ehe und Kindesmissbrauch gipfelt. In einem Jahrhundert, in dem Frauen mehr Möglichkeiten haben als je zuvor, sollten sie vorbereitet, zuversichtlich und sicher sein, die richtige Wahl zu treffen. Im Mittelpunkt allen Unglücks steht der Konflikt zwischen dem unerfülltem Verlangen und der Fähigkeit es zu stillen. Seine Möglichkeiten frei von Furcht, Befangenheit und Hemmungen zu erkunden sollte ein fundamentales Recht eines jeden Menschen sein.

Verlangen, Romantik, Erotik und die Lust zu leben: das sind die wesentlichen Aussagen des *Kamasutra*. Diese fundamentalen und unveränderbaren menschlichen Bedürfnisse spiegeln die Hoffnungen und Erwartungen jedes Einzelnen wider. In diesem Sinn ist das *Kamasutra* gleichzeitig das älteste und modernste aller Bücher. Vielleicht ist dies das Geheimnis seiner andauernden Beliebtheit.

Der Konflikt zwischen der unerfüllten Begierde und dem Wunsch sie zu stillen ist die Ursache allen Unglücks. Seine Möglichkeiten frei von Hemmungen und Furcht zu erkunden sollte das Anliegen und Recht eines jeden Menschen sein

Shringara
Die Kunst der Verführung

Hält man Kama für die Grundlage des Lebens, so ist Shringara der Grundstein zur ästhetischen Erfahrung und – metaphorisch ausgedrückt – zum mystischen Erlebnis, denn sie führt zum Höhepunkt der Lust …

Den Weg des *Dharma* zu gehen gibt den Menschen eine Bedeutung und das Gefühl, dass ihre Existenz einen Sinn hat; folgen sie der Lehre von *Artha* glauben sie, dass sie rechtschaffen ein angenehmes Leben führen und einen Platz in der Gesellschaft innehaben werden; durch das Studium von *Kama* bekommen Sie Mittel und Wege aufgezeigt, wie sie ihr Leben innerhalb der gültigen Regeln in vollen Zügen genießen können. Vatsyayana selbst beschließt sein großes Werk mit der klaren Feststellung, dass "diese Schrift kein Instrument zur bloßen Befriedigung unserer Begierden sein soll. Wenn jemand mit den wahren Prinzipien dieser Lehre vertraut ist, sein *Dharma, Artha* und *Kama* bewahrt und Rücksicht auf die Sitten der Leute nimmt, wird er sicher seine Gefühle beherrschen lernen."

Die beiden Grundpfeiler des Hedonismus sind Sexualität und Höflichkeit. Auch wenn das Vergnügen wesentlich ist, sollte man dabei nicht Einfühlungsvermögen, gesunden Menschenverstand, Achtung vor dem Leben, Rücksicht auf andere und vor allem Selbstkontrolle vergessen. "Man kann nicht angenehm leben, ohne gleichzeitig klug und großmütig zu leben." Deshalb strebten die Weisen vergangener Zeit danach, ein "vollkommener Mensch" zu werden – ein Mensch, der gleichermaßen das *Arthashastra, Dharma Sutra* und *Kama Shastra* kannte. Im Gegensatz zu den Schriften und anderen vedischen Texten, die den brahmanischen Schülern vorbehalten waren, wurden sogar junge Mädchen aufgefordert, das *Kama* zusammen mit den Künsten und Wissenschaften zu lernen, bevor sie heirateten. Vatsyayana war der Meinung, dass das Studium wichtig sei, nicht nur in Bezug auf die praktische Lehre, sondern um die Regeln und Gesetze zu verstehen, auf denen sie basieren.

Die Töchter von Königen und Ministern, Hofdamen und andere Frauen des öffentlichen Lebens waren sicher mit dem *Kama Shastra* vertraut. *Grihini sacivah sakhi mithah priyasisya lalite kalavidhau* – so erinnert sich der unsterbliche Liebhaber Aja an seine innig geliebte Königin Indumati in Kalidasas *Raghuvamsa*. Diese Frau war nicht nur die Herrin über seinen Haushalt, sondern auch seine Freundin, Philosophin und Führerin, seine engste Gefährtin im Glück wie im Unglück und die perfekte Mitstreiterin im Streben nach all dem, was erstrebenswert ist. Das Verlangen nach den schönen Aspekten des Lebens wurde allmählich ein wichtiges Merkmal einer Gesellschaft, in der jeder kultivierte Mensch nach einer Kunstform suchte, die einer Vielzahl von Interessen entsprach. Die Grundidee von *rasa* verfestigte sich in der Musik und Malerei, im Tanz und Schauspiel, in der Architektur und Bildhauerei und wurde so zum Wesen jedes Zweiges der schönen Künste.

Das Paradoxe der Sexualität ist, dass die Bedingungen für eine befriedigende Vereinigung außerhalb des sexuellen Aktes liegen – in der Kunst Vergnügen zu bereiten

Was genau ist *´rasa`*? Frei übersetzt bedeutet es Geschmack, Vergnügen oder Genuss, aber *rasa* ist kein objektives Qualitätsmerkmal in der Kunst, sondern eine geistige Erfahrung, denn um ein Kunstwerk

wertzuschätzen, muss man seine ästhetischen Eigenschaften spüren und seine Sinnlichkeit erfahren. Wenn Dichtung und Literatur, Gesang und Tanz sinnliche Bilder hervorrufen und die Gefühle anregen, dann erfüllt der Künstler die Kriterien von *rasa*. Es ist an sich weder gefühlsbetont, noch an ein spezifisches Sujet gebunden, sondern entsteht aus einer perfekten ästhetischen Erfahrung, die den tieferen Sinn erfasst. Ob Kunst oder Architektur, Gesang oder Sex, um wirklich überragend zu sein, müssen sie die Empfindungen eines Menschen ansprechen und in ihm den Wunsch erzeugen, mehr darüber zu erfahren. Das *Kamasutra* verstand Ästhetik als ein ekstatische Gefühl, das sich von der bloßen Freude an der Schönheit unterschied.

Eine besondere Bedeutung kommt *Shringara* zu, bekannt als *Raja Rasa* oder das erotische Gefühl. Traditionell werden die Künste in *Nava Rasas* eingeteilt, die von neun verschiedenen Gefühlen oder Stimmungen bestimmt werden: *Shringara*/Liebe, *Hasya*/Lachen, *Karuna*/Traurigkeit, *Raudra*/Ärger, *Vira*/Stolz, *Hayanaka*/Furcht, *Bibhatsa*/Ekel, *Adbhut*/ Verwunderung und *Shanta*/Frieden. Jedes rasa wurde nicht nur mit einer bestimmten Stimmung in Verbindung

Aus dem *shringara rasa* sind viele Dinge entstanden – *vilas, kama, bhakti* und vielleicht sogar *moksha*

gebracht, sondern auch mit einer bestimmten Tages- und Jahreszeit.

Die *Nava Rasas* legten den Grundstock, aus dem sich die 64 Künste entwickelten. Sie wurden als Ausfluss kreativer Energie verstanden, die direkt von Saraswati ausging, der Göttin des Lernens und der Muse aller Künste. Die 64 Künste sind wie die Flammen einer inneren Sonne, die im Solar Plexus brennt und von dort ausgehend alles Negative vernichtet. Diese Flammen der Kreativität reinigen die Seele und führen zu einer inneren Wandlung und zu Wohlbefinden.

Darüber hinaus galten diese Künste als praktische Fertigkeiten, die zu Geld, Ruhm und Anerkennung und natürlich zu Vergnügen führen. So wurde die Ausübung der Künste sorgsam gepflegt; man überließ es nicht dem Zufall, der Eingebung, dem individuellen Geschmack oder der Erfahrung. *Catuhsasti-kala* oder die 64 Künste wurden ein wesentlicher Bestandteil der Studien- und Lehrpläne. Frauen wurden von den Künsten nicht ausgeschlossen. Hier sind nur einige der Disziplinen, in denen Männer und Frauen dieser Zeit erfolgreich sein sollten: *Vyavamavida* (Leibesertüchtigung), *Ayudha* (Gebrauch der Waffen), *Rathacarya* (einen Streitwagen führen), *Gajaprstha* (auf einem Elefanten reiten), *Vadya* (Musikinstrumente spielen), *Nrytta* (tanzen), *Gandharvaveda* (Musik- und Tanzkunst), *Turangavayojnana* (ein Pferd dressieren und sein Alter bestimmen), *Purusalaksana* (das Verstehen der menschlichen Natur), *Citrakarman* (Malerei), *Patracchedya* (Kunst des Schmückens), *Lakhyakarman* (Schnitzkunst), *Sarva dyutakala* (Glücksspiel), *Grahaganita* (Astronomie), *Ratnapariksa* (Edelsteine bestimmen), *Dantavyapara* (Elfenbeinschnitzerei), *Vastuvidya* (das Studium von Vaastu).

Wenigstens einige der 64 Künste zu beherrschen gehörte zu den Referenzen einer Frau, besonders wenn sie ins heiratsfähige Alter kam, denn sie waren ein Maßstab dafür, ob sie eine gute Ehefrau und begeisterungsfähige Liebhaberin sein würde. Den Haushalt umsichtig führen, Körper und Geist pflegen, die Haare flechten und mit Henna färben – all diese Fähigkeiten sollten eine Frau zu einer guten Ehefrau machen. Das Thema der körperlichen Liebe wurde den jungen Mädchen in 16 Extra-Künsten vermittelt.

Dazu gehörten die Reaktionen und Gedanken des anderen zu erahnen, sich leidenschaftlich zu zeigen und das Berühren des Körpers

Ein Mädchen sollte seine Fähigkeiten in den Künsten durch richtiges Verhalten und Wissen zeigen. Ebenso wird ein Mann, der die 64 Künste beherrscht, von seiner Frau, von anderen Frauen und von Kurtisanen geliebt werden

zulassen, liebevoll mit den Nägeln zu kratzen, zu beißen, sich verführerisch auszuziehen, sich aktiv am Geschlechtsakt zu beteiligen und den Partner zu erfreuen, zu erregen und zum Orgasmus zu kommen, das Liebesspiel zu beginnen und den Partner auch vor anderen spielerisch zu verführen. Außer diesen gab es noch andere Möglichkeiten, wie ein Mädchen ihren Geliebten locken konnte. So konnte sie ihn zum Beispiel verführen und anspornen, indem sie ihn ansprach, um ihn dann nicht mehr zu beachten. Oder sie begann mit ihm zu flirten, ließ sich dann aber nur schwer erobern. Kurz: Faszination und Interesse des Geliebten sollten aufrecht erhalten werden. Jedoch ist die Liste der Künste, die Mann und Frau beherrschen sollten, so lang, dass man leicht den Mut verlieren könnte. Beim ersten Lesen klingt es meist absurd, denn von Mann und Frau wird verlangt, gute Wagenlenker, Architekten, Metallspezialisten, Magier und vieles andere zu sein, bevor sie gute Liebhaber werden. Aber darum geht es in Wirklichkeit gar nicht, wie ein Kommentar zum *Kamasutra* erläutert: "Vatsyayana geht es darum, dass uns das Paradoxe der Sexualität bewusst wird; dass die Bedingungen für eine befriedigende Vereinigung außerhalb des Sex liegen. Sex als Energie braucht gleichzeitig den Fluss anderer Energien, denn ohne sie wird er verkümmern und sterben."

Deshalb ist eine der wichtigsten Bedingungen der Liebe alles zu tun, um das Vergnügen zu steigern. Wenn man den Zauber in eine Beziehung bringen und ihn erhalten will, braucht es mehr als den kurzen geschlechtlichen Akt. Die Kunst der Liebe erfordert ein breites Spektrum an feinsinnigen Anregungen, wie etwa Musik, Tanz, Dichtkunst und Literatur. Aber zuallererst erfordert sie einen Mann und eine Frau mit guten Eigenschaften.

Eigenschaften des perfekten Mannes

Der perfekte Mann ist vertraut mit den Künsten, kennt Gedichte und kann Geschichten erzählen, ist eloquent und hat einen klaren Verstand, ist energie- und fantasievoll, außerdem beharrlich und treu ergeben, frei von Ärger und liberal, liebt die Eltern und ist sozial, geschickt darin Verse zu vollenden, die andere begonnen haben, sportlich, gesund, stark, tapfer, trinkt nicht übermäßig, ist sexuell potent und gegenüber Frauen respektvoll, reich, ohne Neid und Misstrauen.

Die ideale Frau

Eine Frau sollte schön und liebenswert sein, einen wohlgeformten Körper haben und Reichtum lieben. Sie sollte Spaß am Sex haben, aktiv daran teilnehmen und die Wünsche ihres Partners teilen. Sie sollte gebildet sein und daran interessiert sich weiterzubilden, frei von Habsucht, gesellig und an den Künsten interessiert. Außerdem sollte sie intelligent sein, gute Anlagen haben, sich gut benehmen können und ein offenes Wesen haben. Frauen, die laut sind, gemein, laut lachen, von Boshaftigkeit, Wut und Habgier besessen, träge, faul und dumm, sollten gemieden werden. Wenn die Frau zur Ehefrau geworden ist, sollten ihr Betragen und Verhalten vorbildlich sein.

Das Verhalten einer Ehefrau

Wenn die Ehefrau vor ihren Ehemann tritt, sollte sie stets gut gekleidet sein, Schmuck und Blumen tragen und mit lieblich-duftenden Salben oder Gerüchen eingerieben sein. Sie sollte die notwendigen Rituale, Fastenzeiten und Versprechen gegenüber ihrem Ehemann einhalten. Sie sollte eine aufmerksame Hausfrau sein, die Lebensmittelvorräte immer nur dann auffüllen, wenn sie günstig zu haben sind, und mit Geld sorgsam umgehen. Sie sollte nichts über das Vermögen ihres Mannes preisgeben und niemanden die Geheimnisse verraten, die sie mit ihrem Mann teilt. Sie sollte stets bemüht sein, andere Frauen ihres Ranges durch ihre Intelligenz, Erscheinung, ihre Kochkunst, ihr Benehmen und

den Dienst an ihrem Ehemann zu übertreffen. Sie sollte gesellig sein, die Freunde ihres Mannes stets willkommen heißen und ihre Schwiegereltern respektieren.

Wenn Mann und Frau über diese grundlegenden Eigenschaften verfügten, war der nächste Schritt, dass sie ihre Fertigkeiten in den Künsten ausbildeten. Das *Kamasutra* führt diese 64 Künste detailliert auf, einige davon konzentrieren sich auf die Schönheit und das Schmücken des Körpers. Andere sind eher bodenständig, wie das Tischlerhandwerk oder Metallarbeiten, während die Kenntnis von Bergbau, Architektur, Arithmetik und Logik eher entsprechendes intellektuelles Niveau und Format verlangt. Wie auch immer, dahinter steckt der Rat, dass, wenn man sich mit einer Sache beschäftigt, man es richtig tun soll.

Hier einige der wichtigsten Künste, die im *Kamasutra* aufgeführt sind:

Musik

Als erste unter den schönen Künsten gilt die Musik. Das *Chandogya Upanishad* bezeichnet Musik als *Devajanavidya* oder das Wissen der Götter. Bereits 1000 v. Chr. bestand eine enge Beziehung zwischen Religion und Musik, und man betrachtete sie als Symbol der göttlichen Schönheit, als Vermittler zwischen dem spirituellen und sinnlichen Leben. Musik ist eine universelle Sprache, die Schönheit, Freude und Pathos ausdrückt, die wie ein Gebet die Seele auf eine höhere Ebene erhebt und so das Streben nach dem Göttlichen ermöglicht. Musik zu erlernen und zu schätzen bringt jedem emotionale Nuancen näher und macht ihn menschlicher.

Tanz

Eng verbunden mit der Musik ist der Tanz, eine Bewegung, die aus dem Gefühl heraus entsteht. Der menschliche Körper antwortet auf jede Art von Melodie wie selbstverständlich mit seinem natürlichen Drang nach

Rhythmus. In Indien wurden die *Natya Shastras* die Prüfsteine dieser alten Kunst. Körper, Sinne, Verstand, Intellekt und Seele sind alle eng miteinander verbunden und werden von den Hindus als Sitz des Göttlichen angesehen. Deshalb wurde ein schöner Körper als Gottestempel betrachtet und Tanz als Mittel, um das Göttliche darin zu beschwören. Als Meditation spiegelt Tanz die höchste Form einer spirituellen Disziplin wider, ein Medium, das den höchst möglichen Zustand der Glückseligkeit hervorruft, und ein Instrument, um Erleuchtung zu erlangen. Der Tänzer wurde so zu einem wesentlichen Teil der rituellen Andacht im Tempel. Im Tanz eröffnen sich zahllose Möglichkeiten der Kommunikation und des Ausdrucks, der ihn zu einer sehr wertvollen Kunst macht.

Malerei und Bildhauerei

Navarasa bhava findet seinen Ausdruck in Malerei und Bildhauerei. Die Theorie von *rasa* als Grundgedanke der indischen Kunst wurde am besten in der Miniaturmalerei ausgedrückt. Mit seinen eignen Regeln war die Miniaturmalerei das geeignetste Medium, um Fantasien visuell umzusetzen. Indische Künstler stellten oft Vögel und Blumen, Bäume und Kletterpflanzen in einer lieblichen Art dar. In den Miniaturmalereien von Mewar aus dem Kangra Tal wird durch die Naturszenen ein Gefühl von Freude und Verwunderung, eine Stimmung unberührter Romantik und Erotik vermittelt. An Themen wie *nayika bheda* (die Unterscheidung von Helden und Heldinnen) oder in den ragamala Malereien, kann man erkennen, wie Verlangen und Hingabe in genialer Weise zusammengeführt sind. Diese Empfindung fand auch in Stein ihren Ausdruck, vor allem in Tempeln wie Khajuraho und Konarak, in denen die Verbindung von *Kama* und *Rasa* sich in einer der berühmtesten Kunstformen Indiens manifestiert.

Kochkunst

Unter allen häuslichen Künsten nimmt die Kunst des Kochens einen Ehrenplatz ein. Hausfrauen, die das Herz ihres Gemahls über seinen Magen gewannen, sind zahlreich. Im alten Indien war ein guter Koch ein angesehener Mann. Gute Kochkünste und die Kunst ein Essen fantasievoll anzurichten und seinem Ehemann und den Gästen zu servieren waren und sind immer noch hochgeschätzte Tugenden in Indien.

Paan

Das Wort *´tambula`* taucht regelmäßig in den meisten *Kama Shastra* Schriften auf und wird in Verbindung mit einer Art der Vorbereitung vor dem ersten Treffen von nayak und nayika gebracht. Im *Kamasutra* heißt es: "Erst nachdem man die Zähne geputzt, in den Spiegel gesehen und ein *tambula* gekaut hat, um Mundgeruch zu verhindern, sollte man sein Tagewerk beginnen.“ *Tambula* ist eine in ein Paanblatt eingewickelte Betelnuss.

Das Wort stammt aus dem Sanskrit und leitet sich von dem Begriff *tamra* (Kupfer) ab, der einen roten Farbton bezeichnet. Paan soll den Mund reinhalten, Stimme, Zunge und Zähne kräftigen und vor Krankheiten schützen; außerdem ist es gut für die Verdauung. Frühe Sanskrittexte zählen den Genuss von Betelblättern neben Duftstoffen, Frauen, Kleidung, Musik, Bett und Essen zu den acht Vergnügen. *Tambula* wurde auch in Ritualen verwendet und den Göttern angeboten.

Solah Shringar: *Die 16 Schmuckstücke einer Frau*

Alte Schriften sprechen von 16 verschiedenen Schmuckstücken (*solah-shringar*), um die Schönheit und Göttlichkeit der weiblichen Gestalt zu feiern. In der hinduistischen Zahlenmystik steht die Zahl 16 für die 16 Phasen des Mondes, der wiederum mit dem weiblichen Zyklus in Zusammenhang gebracht wird. Eine junge Frau im Alter von 16 Jahren wird als die Verkörperung der Perfektion angesehen, da sie auf dem Höhepunkt ihrer körperlichen Anziehung ist. Der Begriff *Shringar* wird auch verbunden mit Sri, einem anderen Namen für Laksmi, der Göttin der weiblichen Schönheit, des Glücks, Reichtums und der Fruchtbarkeit. Sie wird als die ideale Frau verehrt.

Bis heute schmücken Frauen ihre Körper, um ihr eigenes ästhetisches Empfinden auszudrücken und um Männern zu gefallen. 16 verschiedene Stufen des Schmückens gelten als eine Kunst, die genauso nützlich wie dekorativ ist. Diese Phasen sind bekannt als:

Napathyayoga

Napathya würde man heute als Couture bezeichnen, also Mode, Stoffe und die Kunst sich gut zu kleiden, um das Aussehen so weit wie möglich zu verbessern. Da dies einen Sinn für die Schauspielerei

voraussetzt, wurde die Maskenbildnerei für Bühne und Theater ebenfalls hier einbezogen.

Karnapatrabhanga

Hier geht es um das Schmücken der Ohren. Die verschiedenen Schmuckstücke wie Ohrringe, Schleifen, Blumen, ursprünglich aus Elfenbein geschnitzt, Schneckenhäuser, Blätter wurden durch Metalle, wie zum Beispiel Eisen, ersetzt und schließlich durch Silber, Gold und Edelsteine. Keine Frau in Indien ging jemals ohne Ohrringe. Besonders an Hochzeiten und Festtagen war der Schmuck so üppig, dass man Ketten über den Kopf legen musste, um die Ohrläppchen zu unterstützen. So wollte eine Frau Ihre eigentliche Schönheit noch mit aufwändigem Schmuck betonen. Das Bemalen der Stirn über den Augenbrauen und andere Teile des Gesichts vom Ohr aufwärts mit zinnoberroter Farbe, ist ebenfalls als *Karnapatrabhanga* bekannt.

Bhusana-yojana

Bhusana-yojana ist die Kunst Goldschmuck herzustellen. Die Schmuckstücke gab es in zwei Ausführungen: aufgereiht auf Fäden, wie zum Beispiel Ketten mit Juwelen, Edelsteinen, Perlen oder anderen wertvollen Steinen. Bereits seit frühesten Zeiten wurden Blumen kunstvoll aufgefädelt; diese Ketten oder Kränze wurden in Tempeln angeboten und waren ein wichtiger Bestandteil der Abendgarderobe von Männern und Frauen. Das Austauschen von Kränzen während einer Hochzeit und als Zeichen des Respekts wurde zu einem Ritual; noch heute ist es Brauch, ehrenvolle Gäste mit einem Blumenkranz zu empfangen. Eine andere Art von Schmuck wurde aus Metall hergestellt. Gold oder Silber wurden geschmolzen, mit anderen Materialien gemischt, um ihnen Farbe und Festigkeit zu geben, und dann in verschiedene Formen gegossen. Aus ihnen wurden Armreifen, Armbänder, Ohrringe, Halsketten, Gürtel angefertigt.

Gegenüberliegende Seite: *Eleganz ist eine Sache der Qualität von Kleidung und Schmuck. Deshalb sollten Männer und Frauen Schmuckstücke und Ketten tragen, die entweder aus wertvollen Steinen oder Blumen gefertigt sind*

Sekharakapida-yojana

Eng verbunden mit dem *Bhusana-yojana,* handelt es sich hier um die spezielle Kunst, Ornamente allein aus Blumen herzustellen. *Sekharaka* bezeichnet eine Art von Blumenschmuck, der auf der Rückseite des Kopfes, dem "*Sikhasthana*", befestigt wird und so herunterhängt, dass er wie ein Ohrring baumelt (*jhumka*). Neben diesem ziemlich aufwändigen und komplizierten hängenden Schmuckstück wurden Blumen ins Haar geflochten, vom Oberkopf ausgehend bis hinunter zum Haarende. Blumen wurden auch in Fußreifen, Armreifen und Armbänder (*bajubands*) geflochten; Taillenbänder aus frischem Jasmin betonten die Anmut der schlanken Taille und verströmten einen wohlriechenden Duft.

Visesakachhedya

Visesakachhedya ist die Kunst, die Stirn mit Zeichen zu bemalen; *Visesaka* selbst bedeutet das *tilak* auf der Stirn. Aus dünnen und zarten Blättern wurden verschiedene Muster geschnitten und auf der Stirn platziert; aber auch Sandelholz, Kurkuma, Moschus (*kasturi*) und Zinnoberrot-Paste wurden verwendet, um komplizierte Muster auf die Stirn zu malen – eine Kunst, die sich bis heute erhalten hat. Außer der Stirn wurden auch andere Körperteile, wie das Kinn, der Hals, die Handfläche und die Brüste bemalt. Noch heute wird *alta* (rote Farbe) auf Hände und Füße aufgetragen, ebenso *mehendi* (Henna). Mit Henna wurden besonders die Hände von Bräuten verschönt, denn der roten Farbe wurden sexuell stimulierende und fruchtbarkeitsfördernde Qualitäten zugeschrieben.

Gandha-Yukti

Der Gebrauch von Parfüm ist in Indien sehr alt und wird schon in den Schriften gepriesen. Details über den Herstellungsprozess von Parfüm enthält ein bekannter Text, *Vrihatsamhita*, des Varahamihira. Kosmetik, Parfüm, Deodorants, parfümiertes Haaröl, Körpercremes, Raumdüfte, *agarbatis* und *dhoop* (Weihrauch) wurden in großen Mengen hergestellt. Rosenwasser, Sandelholzpaste, Moschus, Blütenessenzen wie Jasmin, Rose, Frangipani (*champa*) wurden zu fantasievollen Duftkompositionen gemischt. Man sprach von 174 720 Methoden der Parfümherstellung.

Dassanavasanangaraga

In dieser Kunst gibt es insgesamt drei Kategorien, die sich um den Gebrauch der Farbe drehen – Zähne und Nägel bemalen, Kleidung färben und das Gesicht mit Farbe schmücken.

Das *Kamasutra* legte großen Wert auf persönliche Hygiene. Es ging nicht nur ausführlich auf das Schmücken der Zähne ein, sondern betonte gleichermaßen die Notwendigkeit, die Zähne immer sauber zu halten. Die Kunst selbst bestand darin, die Zähne zu bemalen, gewöhnlich in Gold oder Silber. Man unterscheidet zwischen *Dantalekhaka*, der die Zähne bemalt, und *Nakhalekhaka*, der die Nägel bemalt.

Vasanaraga ist die Kunst Kleider zu färben, bunte Säume zu gestalten, florale Szenen zu drucken und Stickarbeiten auszuführen.

Zur dritten Kategorie gehort *Angaraga*, die Kunst des Schminkens von Körper und Gesicht. Früher wurden Kosmetika aus natürlichen Stoffen zubereitet: Lack, mit Rizinusöl gemischt, wurde benutzt, um die Lippen zu bemalen; ein feines Puder, *lodhra-renu*, wurde auf das Gesicht aufgetragen; die Augen wurden mit Ruß umrandet; eine Mischung aus Kichererbsen-, Sandelholzpulver und Kurkuma wurde zur Reinigung auf dem Körper verrieben. In einigen Büchern wird beschrieben, wie man die Lippen mit einer leichten, *alaktaka* genannten Farbe bestreicht, dann mit *Sikthaka gutika* oder Kerzenwachs darüber reibt und so die Farbe intensiviert und die Lippen zum Glänzen bringt.

Das *Kamasutra* beschäftigt sich eingehend mit dem Nutzen von damals weit verbreiteten Methoden. Öle

wie Mandel- und Kokosnussöl (*til*) wurden auf dem Körper aufgetragen und in die Haare gerieben, um sie schwarz und glänzend zu machen. Cremes, auch solche auf Butterbasis, wurden auf dem Körper verteilt, um die Haut weich und elastisch zu erhalten. Bei *Angaraga* geht es jedoch nicht nur um die Schönheit. Die Ayurveda-Texte besagen auch, dass der Körper gesund bleibt, wenn die Gliedmaßen und andere Körperteile richtig abgerieben und gereinigt werden, und dass das der Behandlung folgende Wohlgefühl Krankheiten fern hält.

Vastragopana

Hier geht es um die wichtige Kunst der Mode: Kleidungsstücke angemessen zu tragen und einen eigenen Stil zu entwickeln. Der Text beschreibt, wie man Kleidungsstücke richtig trägt, wie man mit älteren Kleidungsstücken improvisiert, sodass man stets gut angezogen wirkt, und wie man ein schlecht sitzendes Kleid trägt, als wäre es perfekt angepasst.

Abhushana Alankara

Bhushana bedeutet schmücken und *abhushana* sind die Schmuckstücke, mit denen man sich schmückt. Gut auszusehen setzt einen guten Körperbau voraus; dieser wurde noch aufgewertet durch das Tragen von *abhushana* oder Schmuck. In alten Texten ist zu lesen, dass es gewichtige Gründe dafür gibt, Schmuck zu tragen, denn er wirkt sich auf das physische und geistige Wohlbefinden eines Menschen aus. Silber wurde zur Beruhigung eines wütenden und aufgebrachten Geistes verwendet, denn es wurde für ein kaltes Metall gehalten. Hingegen galt Gold als warm, sodass es jemanden in Schwung bringen konnte. Außerdem sollte der Gebrauch dieser Edelmetalle das Krebsrisiko verringern und den Kreislauf günstig beeinflussen. Deshalb tragen die Inder weiterhin mit Freuden Schmuck und kein Teil des Körpers bleibt ungeschmückt. Die Auswahl besteht aus Ohrringen, Ringen an allen fünf Fingern, Zehenringen, Fußreifen, Armreifen, Haarschmuck, Scheitelschmuck, Taillenbändern, Unterarmbändern, Nasenringen, alle aus Perlen, Edelsteinen, Gold und Silber gefertigt. Die alten Inder kannten die Auswirkungen der Edelsteine auf verschiedene Krankheiten und Temperamente. Auch Astrologen rieten zum Gebrauch von Edelsteinen, um die Wirkungen planetarischer Störungen abzuhalten.

Kesha Samskara

Kesha Samskara beschäftigt sich mit der Kunst des Frisierens. Lange Haare galten als *abhushan* oder Schmuck, der die Schönheit einer Frau unterstreicht. Besonders ausgefallene Frisuren kann man auf den Fresken von Ajanta und Ellora und an den Skulpturen von Belur und Halebid sehen. Die Frisuren wurden mit Schmuckstücken versehen, nicht nur um die Haare zu halten, sondern auch um ihren Reiz zu erhöhen.

Die 64 Künste, *nava rasas*, die Lehre von den *Kama Shastras* waren für diejenigen gedacht, die gute Liebhaber/-innen und Gatten/-innen sein wollten. Sie sollten ausschließlich angewendet werden, um einen erwählten Partner zu umwerben und zu verführen. Wenn dies nicht funktionierte und man die Aufmerksamkeit des oder der Auserwählten nicht erlangen konnte, war dies kein Grund zur Verzweiflung, denn das *Kamasutra* hielt auch dafür Mittel bereit.

Gutes Aussehen, gute Charaktereigenschaften, Gesundheit, Jugend und Großzügigkeit sind die wichtigsten Werte, um angenehm zu erscheinen. Wenn jemand jedoch das Objekt seiner Begierde nicht bekommt, sagt das *Kamasutra*: "Ein Mann oder eine Frau sollte zu künstlichen Mitteln greifen und hier sind einige Rezepte, die hilfreich sein können." Diese

Rezepte verknüpften ayurvedische Kenntnisse und Alchemie. Unter anderem wurde genau erklärt, wie man die Schönheit verbessert, es wurden magische Mantras intoniert, um Männer zu verführen, oder Liebeslieder, um Frauen zu betören.

Kosmetik

Eine Salbe, hergestellt aus *tabernamontana coronaria* (Tabernaemontana), *costus speciosus* oder *arabicus* (schöner oder arabischer Kostwurz) und *flacourtia cataphracta* (Flacourtia) kann als Schönheitsmittel verwendet werden. Aus den genannten Pflanzen wird auch ein feines Pulver hergestellt und auf den Docht einer Lampe gegeben, die mit blauem Vitrol gefüllt ist. Schwärzt man die Wimpern mit dem Ruß, der beim Brennen entsteht, so gibt dies den Augen einen liebreizenden Ausdruck. Das Öl aus Bärenklau, *Echites pubescens*, Sarinapflanze, gelbem Amaranth und dem Blatt der Nymphae dient als Körperlotion.

Wenn man den Knochen eines Kamels in den Saft der Pflanze *Eclipta prostrata* gibt, dann verbrennt und die Asche in einer Schachtel aus Kamelknochen aufbewahrt, und dieses Pulver mit einem Stift – ebenfalls aus Kamelknochen – zusammen mit Antimon auf die Wimpern aufträgt, soll dieses Pulver für die Augen gut verträglich sein. Den Personen, die es benutzen, soll es helfen, andere zu betören. Den selben Effekt kann man mit den schwarzen Pigmenten aus den Knochen von Falken, Geiern und Pfauen erzielen.

Frauen anlocken

Isst ein Mann ein Pulver aus *nelumbrium speciosum*, blauem Lotus und *mesna roxburghii* (Mesna), gemischt mit geklärter Butter und Honig, macht ihn das attraktiv. Wird der Knochen eines Pfaus oder einer Hyäne mit Gold überzogen und in der rechten Hand gehalten, hat dies eine ähnliche Wirkung; ebenso eine Kette aus Jujube-Samen oder dem Haus einer Schnecke gemacht und mit Zaubersprüchen besprochen.

Reibt ein Mann sich mit einer Salbe aus *emblica myrobalans* ein, erhält er die Kraft, Frauen seinem Willen zu unterwerfen. Verbrennt er die Triebe dieser Pflanze bei Nacht und schaut in den Rauch, wenn der Mond dahinter zu sehen ist, wird er bei jeder Frau Erfolg haben; wirft er etwas Pulver, gemacht aus den Trieben dieser Pflanze und den Exkrementen eines Affen, auf ein Mädchen, wird es keinen anderen Mann als ihn wollen.

Frauen gefügig machen

Werden Stücke der Arriswurzel mit Mangoöl gemischt und für 6 Monate in einem Loch im Stamm eines Sisubaumes aufbewahrt, dann zu einer Salbe verarbeitet und auf den Penis gestrichen, wird jede Frau gefügig.

Die Vorteile dieser Künste

Die Ästhetik des Erotischen ist ein wesentlicher Teil der indischen Gefühlswelt. *Kama* entstand als eines der ersten Prinzipien aus dem anfänglichen Chaos. Es hatte Einfluss auf die Gesellschaft, auf Kunst, Literatur und die Prinzipien des Lebens seit Jahrhunderten. Neben der Ästhetik bietet es auch andere Vorteile: Es hilft die Schönheit zu verbessern, bildet den Charakter und das Selbstvertrauen und legt die Tugenden einer Frau fest. Außerdem wurden fähige Männer und Frauen von Königen geehrt, von Kennern gepriesen und mit Geld, Geschenken und Ruhm überhäuft. Prinzessinnen und Edelfrauen konnte ihre Ehemänner kontrollieren und sicherstellen, dass sie treu bleiben. Witwen und Frauen, deren Männer reisten, hatten keine Schwierigkeiten, einen Liebhaber zu finden, wenn sie diese Künste beherrschten. Begabte Kurtisanen waren die Stars der Stadt, gefeierte Bewohnerinnen, denen der Respekt der Gesellschaft gehörte. Eine versierte Person wurde automatisch anerkannt und erhielt eine Ehrenplatz in der Gesellschaft. Und vor allem: Diese Künste gaben den Menschen die Möglichkeit Erfüllung zu finden und Ekstase zu erleben.

Die Quellen der Lust
Vorspiel

Eine zärtliche Frau möchte einen zärtlichen Anfang ... Die Regeln des Shastra gelten so lange, wie die Leidenschaft noch schlummert; ist das Rad der Liebe aber erst einmal in Bewegung gekommen, gibt es kein Shastra und kein Halten mehr...

Ein sehnsüchtiger Blick, ein Augenaufschlag oder ein unausgesprochenes Wort – dies alles kann mehr Sinnlichkeit vermitteln als der physische Akt der Vereinigung. Eine liebevolle Berührung oder ein zärtliches Liebkosen sprechen oft mehr als tausend Worte. Wir leben in einer Zeit, die nicht gerade bekannt ist für ihr Feingefühl, in der Freizügigkeit, Nacktheit und unverhohlene Promiskuität dafür sorgen, dass das Ideal von Romantik abhanden gekommen ist. Dennoch gibt es eine immerwährende Sehnsucht nach den vergangenen Zeiten, in denen Anmut und Sinnlichkeit jede Beziehung bereicherten, in denen Liebende sich am Duft von Jasmin, am Gesang der Vögel erfreuten, an einer Berührung und an der Verführung als Beginn des Liebesspiels. Das Wissen des *Kamasutra* ist heute wichtiger denn je, denn es legt großen Wert darauf, dass man das Spiel des Flirtens beherrscht und die Nuancen des Vorspiels als Auftakt zur sexuellen Befriedigung versteht.

Denn wie alles andere auch, beginnt das Vorspiel mit dem Verlangen im Kopf, wenn man sich die körperliche Nähe mit dem geliebten Menschen vorstellt. Das Verlangen bestimmt das gesamte weitere Verhalten, das Aufkommen der Erregung, die zum Orgasmus und der gegenseitigen Befriedigung führt. Sich ausziehen, küssen, zärtlich streicheln, mit dem Mund berühren und liebkosen sind besonders für Frauen sehr wichtig, die eine längere Stimulierung brauchen, um vollständig erregt zu werden. Letztlich bedeutet guter Sex aufmerksam zu sein, einfühlsam die Bedürfnisse des Partners zu erkennen und sicherzustellen, das das Erlebnis für beide besonders lustvoll und unvergesslich wird.

Ursprünglich diente das Vorspiel dem Mann, um seine Partnerin zu umwerben und zu verführen. Heute ist es zu einem wesentlichen Teil des eigentlichen sexuellen Erlebnisses geworden. Viele Frauen sind der Meinung, dass körperliche Zärtlichkeiten intimer sind als Sex.

Obwohl eine ungeplante sexuelle Begegnung manchmal ein überraschend aufregendes Erlebnis sein kann, glauben die meisten Frauen, dass zu gutem Sex ein verlängertes Vorspiel gehört.

Ein Mann muss ausdauernd sein, um eine Frau kennen zu lernen und sie zu überzeugen, Sex mit ihm zu haben. Männer tragen zudem die Verantwortung, dass die Frau auch befriedigt wird und die Begegnung zu einer Beziehung führen kann.

Kamasutra beim Umwerben

Das Verlangen treibt Männer und Frauen dazu, einen Partner zu suchen. Das *Kamasutra* zeigt die Wege und Mittel, eine Frau zu umwerben und für sich zu gewinnen. Die Schrift rät einem jungen Mann, Zeit mit dem Mädchen, ihren Freundinnen und Vertrauten zu verbringen und mit Spielen und Unterhaltung die Zeit zu vertreiben. Danach solle er ihr Schmuck- und Blumengeschenke machen und sie schließlich überreden, ihn privat zu treffen. Wie Vatsyayana bemerkt: "Weil sie zur selben Art gehören, streben Männer und Frauen nach dem gleichen Vergnügen in sexuellen Beziehungen. Deshalb muss das Verlangen erst durch vorausgehende Aufmerksamkeiten entfacht werden."

Der erste Eindruck ist der entscheidende, deshalb sind korrektes Verhalten, Benehmen, gute Kleidung, Sauberkeit und ein ernsthaftes Interesse am Wohlbefinden der Frau Grundvoraussetzungen nicht nur für die Verführung, sondern für jede dauerhafte Beziehung. Nachdem der erste Liebesfunken übergesprungen ist, soll das Umwerben wohl überlegt fortgesetzt werden. Eine besondere Fertigkeit ist notwendig, um das Feuer der Liebe am Brennen und die Romantik und Erregung der ersten Tage wieder zu erhalten, besonders bei Paaren, die schon länger zusammen sind. Meist werden die Erregung beim Flirten und Werben schnell vergessen. Deshalb sagt das *Kamasutra*, dass das Umwerben eine Lektion fürs Leben sein sollte, die einmal gelernt in verschiedenen Stadien jeder Beziehung neu angewendet werden kann.

Gegenüberliegende Seite: *Alle sinnlichen Handlungen erfordern kontinuierliche Übung um lebendig zu bleiben; auch die Liebe ist erst nach langer Übung entstanden wie die Liebe zum Jagen beim Jäger*

33

Zeichen und Gesten

In der heutigen Zeit mag die Vorstellung, dass eine Frau ihr Verlangen durch einen Augenaufschlag zeigt, altmodisch erscheinen, aber viele erschaudern dennoch freudig bei einem stillschweigenden Blick, einer einladenden Geste. Körpersprache zu verstehen ist leicht zu erlernen und Verlangen richtig zu interpretieren ist in der Tat eine Fähigkeit, die man haben sollte. Eine Frau, die einen Mann ermutigen will, sollte dies laut dem *Kamasutra* mit Zeichen und Gesten tun. Ihre Mitteilung ist indirekt, aber nicht misszuverstehen: sie sieht ihn schüchtern an, den Kopf leicht gebeugt; sie sucht jede Gelegenheit ihn zu berühren; wenn er sich an sie wendet, ist sie verlegen; sie genießt seine Gegenwart; unterhält sich mit ihm lange Zeit über triviale Dinge; spielt mit ihren Haaren; will von ihrem Geliebten nicht unbekleidet und ungeschminkt gesehen werden; trägt immer etwas, das er ihr geschenkt hat. "Ein Mann, der die Gefühle des Mädchens für ihn gesehen und erkannt und die äußerlichen Zeichen und Gesten bemerkt hat, mit denen sie diese Gefühle ausdrückt, sollte alles für ein Verbindung mit ihr tun."

In Stimmung bringen

Die geeignete Umgebung und richtige Stimmung als passenden Rahmen zu schaffen ist ein wesentlicher Teil der Liebeskunst. Mit seinem tiefen Verständnis des menschlichen Begehrens sagt das *Kamasutra*: "Eine zärtlich veranlagte Frau möchte zärtliche Anfänge": Ein liebevolles Wort, um ihr die Ängste zu nehmen, eine vertrauliche Berührung, um ihr Verlangen zu entfachen, ein Glas Wein, um die Hemmungen abzubauen: all das sind Teile der empfohlenen 64 Wege, durch die die Leidenschaft zur glücklichen Vereinigung führen kann. Aus diesen 64 Wegen besteht das Vorspiel, das dem eigentlichen Liebesakt vorausgeht: Das *Kamasutra* nennt alle Arten von Umarmungen, Küssen, Berührungen und Bissen. Lektionen, wie man sich der Kleidung entledigt, wie man Fantasie und Imagination kreativ einsetzt, das Tauschen der Rollen usw. sind nur einige davon. Darüber hinaus gibt es detaillierte Anweisungen, wie das Vorspiel zu gestalten ist, um den verschiedenen Temperamenten der Geliebten entgegenzukommen.

Die Schrift legt einem Mann besonders nahe, das Verlangen der Frau vor seinem eigenen anzuregen. Es ist eine Tatsache, dass Frauen langsamer erregt werden als Männer und obwohl es Ausnahmen von jeder Regel gibt, kann eine Frau nie genügend Vorspiel haben. Egal, wie leidenschaftlich ein Mann ist, wenn er die Frau zum Geschlechtsverkehr drängt, bevor sie so weit ist, wird dies unbefriedigend sein. Und zwangsläufig dauert ein Liebesakt, der nicht auf beiderseitigem Verlangen beruht, nicht sehr lange. Das *Kamasutra* warnt: "Eins ist sicher: dass ein Mann, der lange aktiv ist, einer Frau gefällt, während sie sich auf der anderen Seite über Männer beklagt, die schnell zum Orgasmus kommen." Deshalb sollte die Penetration nicht stattfinden, bevor die Frau vollkommen erregt ist. Moderne Untersuchungen zeigen, dass ein durchschnittlicher Mann etwa 10 Mi-

Gegenüberliegende Seite: *Ein Mann, der die Gefühle des Mädchens sieht und erkennt und die Zeichen und Gesten bemerkt, sollte alles daran setzen sich mit ihr zu verbinden*

nuten braucht, um bereit zu sein, während eine Frau zwischen 25 und 40 Minuten bis zur vollständigen Erregung braucht.

Es gibt zwei Arten von Intimkontakt mit einer Frau: äußerlich und innerlich. Zum äußerlichen Kontakt gehören zärtlich sein, streicheln, küssen, berühren usw. Mit zunehmender Intimität kann äußerlicher Kontakt in einen inneren übergehen, bei dem es keine Grenzen gibt. Trotzdem muss äußerlicher Kontakt nicht immer gleich zum Geschlechtsverkehr führen. Viele Frauen ziehen intime Berührungen dem eigentlichen Sexualakt vor: küssen, umarmen, reden – all das hat Vorrang vor dem Verkehr selbst. Auf der anderen Seite glauben Männer, dass das Vorspiel zum Geschlechtsakt führen muss. Hier kommt das männliche Ego ins Spiel, denn Männer glauben, dass allein Ausdauer das Verlangen aufrecht erhält. Diese unterschiedlichen Vorstellungen führen oft dazu, dass eine Frau jede Intimität verweigert aus Angst, Sex wäre dann obligatorisch. Das *Kamasutra* leitet einen Mann an, die Frau sinnlich und erotisch zu stimulieren, ohne Geschlechtsverkehr. Die meisten Paare haben unterschiedliche Bedürfnisse; wenige sind gleichzeitig oder genau dann, wenn der Partner Sex will, dazu bereit. Während der körperliche Akt der höchste Ausdruck des Verlangens sein kann, entstehen Nähe und Verbundenheit zwischen Paaren gewöhnlich durch intime Zärtlichkeiten als Ausdruck von tiefer Liebe und Verständnis.

Vatsyayana hatte Recht mit der Annahme, dass Sexualität im Kopf beginnt und man einen geliebten Menschen nur dann gewinnen kann, wenn man es schafft, dass die Chemie stimmt. Deshalb sollten alle fünf Sinne beteiligt sein, um eine starke Leidenschaft zu entfachen: lustvolle Anblicke, aromatische Gerüche, sinnliche Berührungen und Küsse, melodische Klänge, schmackhaftes Essen und Getränke.

Erotische Berührungen

Die Berührung hat eine Schlüsselfunktion dabei, Verlangen zu zeigen. Der gesamte Körper ist für Berührungen empfänglich, denn sie bieten eine wunderbare Gelegenheit die erogenen Körperzonen zu entdecken. Das zufällige Berühren kann eine außergewöhnliche Wirkung haben: einige Texte des *Kama Shastra* sprechen davon, wie die Härchen am Arm sich aufstellen, wenn eine Frau flüchtig einen Mann berührt. Das *Kamasutra* rät, diese magischen Momente hinauszuzögern und den ganzen Körper in ein sinnliches Spiel einzubinden, denn der Körper der Frau ist voller erogener Zonen: nicht nur im Genitalbereich, sondern auch an den Fingern, Armen, Beinen und dem Rücken lässt sich das sinnliche Mysterium ihres Körpers entdecken. Daneben können die Hand und auch die Zunge eine entscheidende Rolle im Spiel der Erregung übernehmen. Mit der Zunge leckend den gesamten Körper des anderen hinabzugleiten kann eine herrliche Art des Vorspiels sein. Auch die Finger können fantasievoll eingesetzt werden: die verschiedenen Körperteile streicheln, die Hand liebevoll küssen, den Körper mit aromatischen Ölen einreiben, die Vagina mit den Fingern erforschen – all das ist hocherotisch und ebenfalls eine intime Form des Vorspiels.

Blind vor Verlangen, unfähig zu warten, pressen sie sich leidenschaftlich aneinander, Gesicht an Gesicht, weder sitzend noch liegend

Andere Arten der Berührung sind Streicheln, Liebkosen, Küssen, Knabbern, Saugen und Lecken. Durch ihre Haare streichen, sanft ihre erregten Brustwarzen streifen und sogar der warme Atem können wahrlich erregende Momente sein.

Umarmungen

Das Umarmen bringt zwei Menschen zusammen, die bisher auseinander standen. Es gibt zwei Arten von Umarmungen, die davon abhängig sind, wie gut die Partner sich kennen. Zwischen Menschen, die bereits erregt sind, kann eine Umarmung leidenschaftlicher sein als bei schüchternen und verlegenen Partnern; die Umarmung räumt die körperliche Distanz aus dem Weg und schafft Nähe. Beim Umarmen gibt es vier unterschiedliche Stadien – berühren, an sich ziehen, reiben und fest an sich drücken. Zuerst berühren die Partner sich liebevoll, während sie miteinander reden. In der nächsten Phase treten sie näher zueinander, plötzlich kommen ihre Körper in Kontakt, die Liebenden beginnen sich zu berühren, zu streicheln und wenn das Verlangen steigt, drücken sie sich eng aneinander als Auftakt zum Liebesakt.

Das *Kamasutra* rät: Wenn der Mann die Frau schon länger kennt, kann er sie beim Schein einer Lampe umarmen, ist sie aber sehr jung oder er kennt sie noch nicht so gut, sollte er sie im Dunkeln umarmen. Wenn sie die Umarmung annimmt, sollte der Mann eine *tambula* (ein Betelblatt) in ihren Mund legen; weist sie ihn aber zurück, sollte er mit besänftigenden und flehende Worten auf sie einreden und sogar vor ihr auf die Knie fallen.

Ist das Mädchen bereit, empfiehlt das *Kamasutra* unterschiedliche Arten der Umarmung:

Jataveshtitaka oder die Schlingpflanze

Wenn die Frau sich um den Mann schlingt wie eine Pflanze um den Baum, sie ihren Kopf beugt, leise die Laute "sut, sut" summt und ihn umarmt, wird diese Umarmung "die Schlingpflanze genannt".

Vrikshadhirudhaka oder einen Baum erklimmen

Wenn eine Frau einen ihrer Füße auf den Fuß ihres Geliebten stellt und den anderen auf einen seiner Oberschenkel, einen Arm um seinen Hals legt und den anderen auf seine Schulter, als ob sie an ihm hinaufklettern wolle, um ihn zu küssen, nennt man diese Umarmung "einen Baum erklimmen".

Tila-Tandulaka oder Sesam mit Reis

Wenn Liebende auf einem Bett liegen und sich so fest umarmen, dass die Arme und Beine des einen von den Armen und Beinen des anderen umschlossen werden, und sich aneinander reiben, nennt man diese Umarmung "die Mischung von Sesam und Reis".

Gegenüberliegende Seite: *Ihrer Schönheit sicher umschlingt sie ihren Geliebten wie eine Liane einen Baum; sie wendet ihm ihr Gesicht für einen Kuss zu und entzieht sich gleichzeitig mit einem leichten Seufzen*

Kshiraniraka oder die Umarmung von Milch und Wasser

Wenn ein Mann und eine Frau sehr verliebt sind und sich umarmen, als ob sie in den Körper des anderen hineinkriechen wollten, wird dies die "Umarmung von Milch und Wasser" genannt.

Insgesamt gibt es acht Arten der Umarmung, davon vier traditionelle wie die Umarmung der Schenkel, die Umarmung von *Jaghana* – des Schambereichs –, die Umarmung der Brust und die Umarmung der Stirn, bei der sich Mund, Augen und Stirn der Liebenden berühren.

Allein das Hören davon oder das Reden darüber macht Lust auf Umarmen. Selbst Umarmungen, die nicht im *Kama Shastra* erwähnt werden, können Leidenschaft erzeugen. Die Regeln des *Shastra* gelten so lange, wie die Leidenschaft sich noch zügeln lässt, wenn das Rad der Liebe jedoch in Bewegung gesetzt ist, gibt es keine Shastras und keine Regeln mehr.

Gesicht an Gesicht schauen sie einander in die Augen, die Stirn aneinander gelehnt, und bald ist das Feuer entfacht

Das Küssen

Es gibt nichts Intimeres als einen Kuss, denn Küssen bedeutet Intimität, Bereitschaft und gegenseitiges Verlangen. Küssen ist die beste Form des Vorspiels und kann mit einer Umarmung einhergehen oder ihr folgen. Küssen kann unterschiedlich intensiv sein, Lippen und Zunge werden dabei fantasievoll eingesetzt. Das *Kamasutra* erwähnt eine Vielzahl an Variationen und Arten des Küssens. Sieben Zonen am Körper einer Frau sollen besonders empfänglich für Küsse sein: Stirn, Wangen, Augen, Brüste, Brustwarzen, Lippen und Vulva. Bevor er die Kusstechniken detailliert beschreibt, gibt Vatsyayana noch einige ziemlich alltägliche, aber wichtige Tipps:

Reiner Atem

Nichts kann störender sein als schlechter Atem. So empfiehlt die Schrift, die Liebenden sollten stets auf saubere und geputzte Zähne achten und vor dem Küssen nichts essen, das stark riecht. Für besseren Atem sollte vor der Umarmung etwas Minze gekaut werden.

Leidenschaft und Respekt erwachen in einem Mann, der ein junges Mädchen sieht, das Kratzspuren an seinen Brüsten hat

॥गीतगोविंदरो पत्र॥२५५॥ अधर सुधा॥ श्रीकृष्ण राधिका प्रतें कहे है॥ हे भां
आंणे हं आदासरी नांई॥ वल्लकी कुं कि सो कुं॥ विलास करे रहित॥ विरहा ने लै करे

॥कोपरोहै स्वभावइसो॥ थारा अधररो अमृत म्हो एदै॥ नैं म्हो है जीवाउ॥ कीसो भां
ध॥ इसे थके थारे विषे मन आरोप्यो है॥ हे राधे नारायण प्रते अनुसर॥

Die Position

Während die Partner sich küssen, sollten sie darauf achten, dass sie sich nicht behindern. Sollte dies doch geschehen, empfiehlt es sich, den Kopf leicht zur Seite zu neigen, um ein Zusammenstoßen zu vermeiden.

Geschlossene Augen

In den meisten Fällen schließen Frauen ihre Augen vor dem Küssen, obwohl es sehr erotisch sein kann, sich beim Küssen in die Augen zu sehen.

Geöffnete Lippen

Vatsyayana empfiehlt die Lippen leicht geöffnet, feucht und für den Geliebten vorbereitet zu haben. Anfangs sollten die Lippen nur fest aufeinander gedrückt werden. Dann kann der Druck nachlassen oder die Zunge in kreisenden Bewegungen über die Lippen fahren. Dagegen sind raue Lippen oder solche, die zusammengekniffen werden, nicht einladend, sondern eher ein Indiz dafür, dass der Partner verärgert ist oder nicht weiter gehen will. Eine ablehnende Geste ist auch, den Kopf abzuwenden und die Wange hinzuhalten.

Körper und Hände benutzen

Es gibt viele Möglichkeiten, die Hände während des Küssens einzusetzen – gewöhnlich legt man eine Hand um die Taille und die andere auf die Mitte des Rückens. Man kann auch das Gesicht des anderen umfassen, die Hände um den Hals legen, die Taille umschlingen und den Kopf mit einer Hand halten, während man das Haar streichelt.

Das *Kamasutra* beschreibt auch verschiedene Arten von Küssen:

Der geneigte Kuss

„Wenn die Köpfe zweier Liebender einander zugewandt und geneigt sind, kann man sich küssen. „

Der gepresste Kuss

„Wenn der Geliebte die Unterlippe fest drückt, nennt man das den gepressten Kuss."

Der direkte Kuss

„Wenn die Lippen beider Liebenden aufeinander gelegt werden, ist das der direkte Kuss."

Der klammernde Kuss

Wenn Mann oder Frau "beide die Lippen des anderen zwischen ihre eigenen nehmen, nennt man das den klammernden Kuss". Das *Kamasutra* sagt: "Eine Frau lässt sich so nur von einem Mann ohne Bart küssen." Wenn einer der beiden während des Küssens Zähne, Zunge oder Gaumen des anderen mit seiner Zunge berührt, spricht man vom "Kampf der Zungen".

Der Kuss, der Liebe weckt

Mit diesem Kuss will die Frau ihren Geliebten wecken, um Liebe zu machen. "Wenn die Frau dem Geliebten ins Gesicht sieht, während er schläft, und es küsst, um ihre Lust zu zeigen, ist das der Kuss, der die Liebe weckt."

Der Kuss des Erwachens

Kommt der Geliebte abends spät nach Hause und küsst seine Geliebte, die schon schläft, voller Lust, nennt man das den Kuss des Erwachens.

Der ablehnende Kuss

Wenn eine Frau ihren Geliebten küsst, während dieser sehr beschäftigt ist und sich nicht um sie kümmern kann, ist das der ablehnende Kuss.

Der saugende Kuss

Das ist ein sehr verführerischer Kuss. Anstatt mit offenem Mund zu küssen, saugt man mit der Ober- oder Unterlippe an den Lippen des anderen.

Man sollte die Stirn, die Wangen, den Hals, die Augen, den Oberkörper, die Brüste der Frau, die Unterlippe und das Innere des Mundes küssen

Der Lippenkuss

Während man den Geliebten küsst, beißt man sanft in die Lippen, nicht zu fest, um die Lippen nicht zu verletzen, sondern nur leicht, sodass der Partner erregt wird.

Der Überraschungskuss

Man küsst den Partner, wenn er es nicht erwartet, wenn er beschäftigt ist oder schläft, besonders sanft und verführerisch. Er wird sofort aufmerksam werden.

Der Vakuumkuss

Das ist ein spielerischer Kuss zum Flirten. Wenn Sie auf den geöffneten Mund küssen, saugen Sie die Luft tief aus dem Mund des Partners. Das ist angenehm und überraschend.

Der Schmetterlingskuss

Legen Sie Ihr Auge nah an die Wange des Partners und klimpern Sie mit den Augenlidern, sodass die Wimpern seine Haut streifen. Das kann man auch auf den Lippen und sogar auf dem Penis machen.

Kratzspuren

Während das Küssen das Feuer der Leidenschaft erweckt, ist das Kratzen mit den Nägeln wie das Öl, das das Feuer am Brennen hält. Die Nägel sollten jedoch nur eingesetzt werden, wenn ein bestimmter Grad der Erregung erreicht ist. Wenn der Partner nicht intensiv bei der Sache ist, sollten die Nägel nicht benutzt werden, denn es kann schmerzhaft sein und den Geliebten abschrecken. Die Nägel können wie Küsse in der Achselhöhle, auf Brust, Hals, Rücken, den Schenkeln und der Vagina benutzt werden, jedoch ist Vorsicht geboten. Kratzspuren sind eine Erinnerung an eine leidenschaftliche Nacht, und Männer genauso wie Frauen im alten Indien ließen ihre Nägel wachsen, um damit ihre Geliebten zu kratzen. Das *Kamasutra* beschreibt ausführlich, wie man verschieden geformte Male als Zeichen sexueller Potenz hinterlassen kann.

Beißen

Beißen geht einher oder folgt dem Kratzen mit den Nägeln, je nach Intensität der Leidenschaft. Alle Stellen, die man küssen kann, kann man auch beißen, mit Ausnahme der Oberlippe, der Zunge und der Augen. Dabei sollte man so beißen, dass keine Spuren bleiben. Der Hals, die Achselhöhlen und die Schenkel sind ideal zum Beißen, obwohl einige meinen, dass das Saugen an der Brust am Erregendsten sei.

Schlagen und Fauchen

Schlagen mag uns heute ziemlich barbarisch erscheinen, doch das *Kamasutra* geht darauf ein. Den Partner schlagen und dabei gleichzeitig zischende oder fauchende Laute von sich zu geben sollen deutliche Zeichen für das Maß der Erregung sein. Männer und Frauen können ihre Partner auf die Hand, die Schulter, den Brustkorb, die Schenkel und auf die Körperseiten mit ihren Fäusten, Handflächen oder Fingern schlagen. Obwohl im *Kamasutra* erwähnt, ist Vatsyayana der Meinung, dass es grausam sei, seinen Partner während des Liebesaktes zu schlagen.

Was der Mann tun kann

Die Partnerin ausziehen

Die Geliebte ausziehen kann eine sehr erotische Form des Vorspiels sein. Es beginnt damit, den Verschluss der Kleidung zu öffnen; gewöhnlich verweigert dann die Frau jede weitere Aktion – der Form halber. Dieser Widerstand und die Hemmung legen sich mit zunehmender Leidenschaft. Während der Mann

die Frau auszieht, muss er seine Bereitschaft zeigen, indem er sie an empfindsamen Stellen wie den Brüsten und Brustwarzen berührt und streichelt.

Der erste Verkehr

Der Geschlechtsverkehr, besonders der erste, ist ein sehr gefühlvoller Moment, den man genießen und ein Leben lang in Erinnerung behalten sollte. Die alten indischen Texte legen großen Wert auf die Rituale, die mit der Hochzeit und der Hochzeitsnacht verbunden sind. Mehr als sonst kommt es hier auf eine perfekte und verführerische Atmosphäre an: ein schön gemachtes Bett mit weichen sauberen Laken und Kissen, mit duftenden Blumen dekoriert, das Zimmer mit Räucherstäbchen parfümiert, die Körper mit wohlriechenden Ölen eingerieben und duftend von Sandelholzcreme, Safran und Jasminblüten.

Nach dem *Kamasutra* soll sich der Mann einen Platz an der rechten Seite seiner Braut suchen, liebevoll mit ihr reden, ihre Hände halten und sie streicheln. Um sie zum Geschlechtsverkehr zu leiten, solle er langsam beginnen die Frau zu erregen, indem er ihre Brüste umfasst, die Brustwarzen küsst und dabei seine Hände zu den Schenkeln und dem Unterleib hinuntergleiten lässt. Ist die Frau erregt, wird sie dies zeigen, indem sie lockerer wird. War sie aber noch nie vorher mit einem Mann zusammen, ist es wichtig ihr Vertrauen zu gewinnen. Reden, küssen und beruhigen ist der beste Weg, gefolgt von liebevollem Streicheln und Liebkosen ihrer erogenen Zonen, so dass sie sich bald öffnet für das weitere Vorspiel. Ist die Frau noch Jungfrau, ist es entscheidend, dass der Mann ihre Gefühle und Ängste versteht und ihre Reaktionen beobachtet.

Einige Texte meinten, dass Erwartungen und Leidenschaft durch mindestens drei Tage Abstinenz vor der Eheschließung gesteigert werden; andere sprechen sogar davon, dass der Bräutigam während dieser drei Tage nicht mit seiner Braut sprechen solle.

Vatsyayana war der Meinung, dass der Mann bald nach der Hochzeit versuchen sollte, das Vertrauen seiner Braut zu gewinnen, aber zunächst unabhängig von sexuellem Kontakt. Die Frau solle liebevoll eingeführt werden in die Freuden des Liebeslebens, denn wenn der Mann, der ihr fast völlig fremd ist, sie stark bedrängt, kann es sein, dass sie den Sex und die Männer hassen wird. So solle der Mann zuerst das Vertrauen der

Gegenüberliegende Seite:
Eine Frau ist wie eine Blume; sie muss behutsam behandelt werden, bis sie sich sicher fühlt. Wird sie heftig bedrängt, reagiert sie auf jede Art von Zuneigung feindselig. Man muss daher versuchen sie zu besänftigen

Frau gewinnen und in der zweiten und dritten Nacht ihren ganzen Körper mit seinen Händen erkunden und küssen, ihre Vagina berühren, ihren Gürtel und den Knoten ihres Kleides lösen und zuletzt, wenn sie ihre Schüchternheit überwunden hat, solle er sie erfreuen ohne sie zu verängstigen.

Die Idee der Abstinenz beruhte auf einer alten hinduistischen Vorstellung, nach dem sich die Leidenschaft steigert, wenn man auf Sex verzichtet und das Sperma für die Zeugung aufbewahrt, was das vordringliche Ziel des Geschlechtsverkehrs ist. Zudem sollen Frauen größeren sexuellen Appetit haben, die Möglichkeit zu multiplen Orgasmen und daher mehr sexuelle Energie. "Der Mann dagegen verliert das Interesse am Sex, hat keinerlei Verlangen mehr, wenn er erst ejakuliert hat." Deshalb wurde vorgeschlagen, der Mann solle die Frau zu mehreren Orgasmen bringen und seinen eigenen zurückhalten.

Nach dem Geschlechtsverkehr

Einige der kostbarsten Momente in einer Beziehung entstehen nach dem Liebesakt. Das *Kamasutra* ermahnt, dass es unhöflich ist, danach sofort einzuschlafen:

> Das, was die Leidenschaft entfacht, soll zuerst getan werden, und das, was Vergnügen macht, danach.

Nach dem Geschlechtsverkehr soll man sich umarmen und küssen und nach dem Reinigen und Baden die Zeit miteinander mit Reden, Trinken und bei einem guten Essen verbringen. Kurz gesagt, Vatsyayana empfiehlt die Romantik über das Liebesspiel hinaus aufrecht zu erhalten. Einen Geliebten zu sehen, ihn zu umwerben und zu gewinnen, verbunden mit Leidenschaft und Erfahrung sind die Wege zur Ekstase. Und fest steht: dies sind Eigenschaften, die man mit unnachgiebiger Geduld und Ausdauer verfolgen sollte.

Gegenüberliegende Seite: *Fehlt dem Paar das Verlangen, sollten sie sich gegenseitig mit Sandelholzpaste einreiben*

Leidenschaft wecken
Stellungen

Frauen lieben Männer mit ausdauernder sexueller Energie, dagegen verabscheuen sie solche, die schnell erschöpft sind und aufhören, bevor beide den Höhepunkt erreicht haben

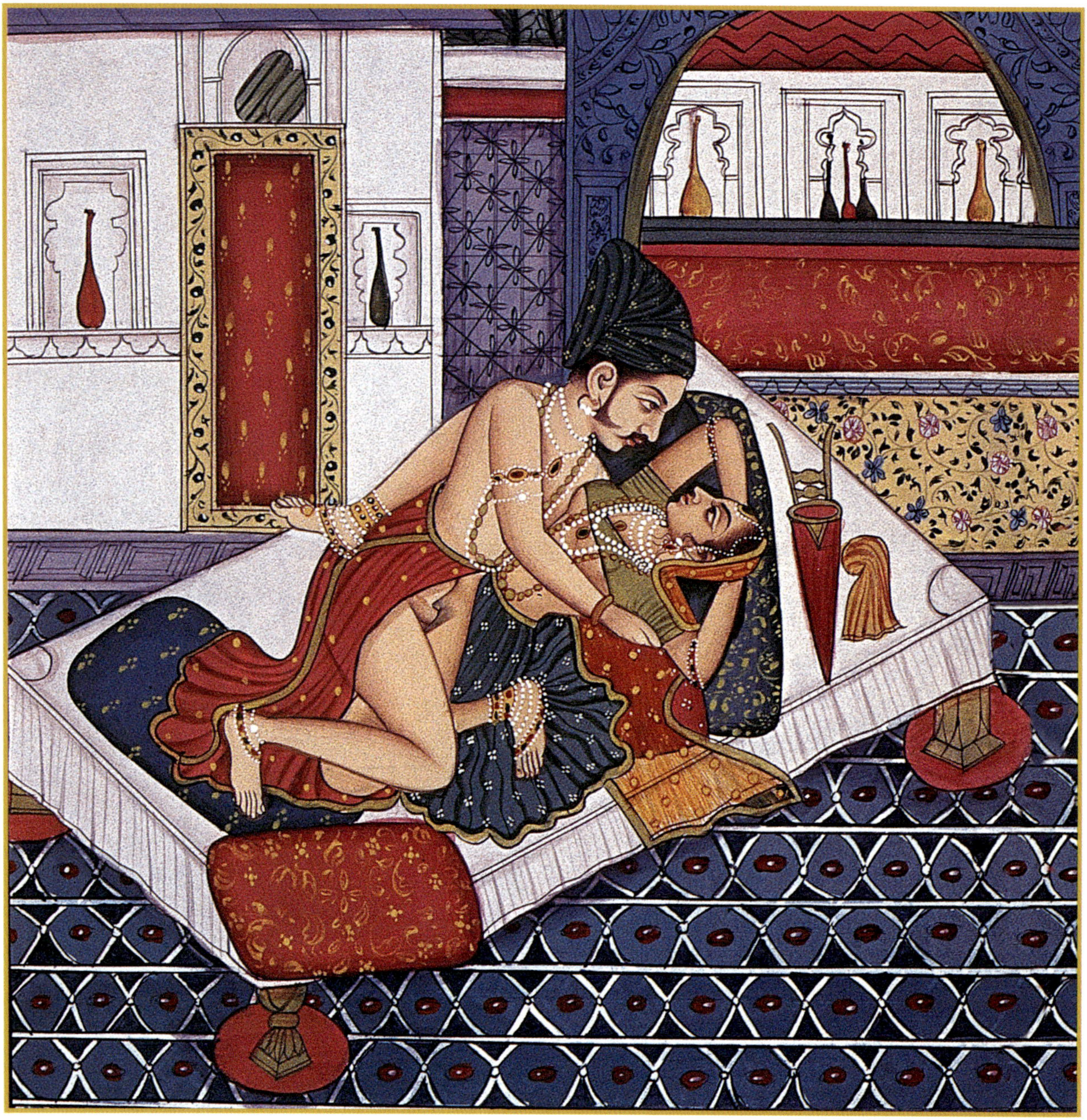

Das *Kamasutra* ist für die anschauliche Beschreibung der Stellungen beim Geschlechtsverkehr bekannt. Diese mitunter „yogischen" Verrenkungen beruhen auf Erkenntnissen darüber, wie die Partner am besten den optimalen Lustgewinn erreichen. Vatsyayana erkannte bereits vor 2000 Jahren, dass eine ungleiche Partnerschaft zu unerfüllter Leidenschaft und zu Unzufriedenheit führt. Wenn Sex nur noch aus Gewohnheit und Nähe resultiert, sind Widerwillen und Missvergnügen vorprogrammiert. Dann braucht es Fantasie und Anstrengung, um die romantischen Beziehungen und das sexuelle Verlangen wieder zu beleben. Man braucht persönliche Reife und Aufmerksamkeit und muss den Verstand ebenso disziplinieren wie den Körper, wenn sexuelle Beziehungen auf Dauer befriedigend sein sollen.

Für Vatsyayana liegt die Lösung darin, die richtige Balance zwischen den verschiedenen menschlichen Bedürfnissen zu finden: den physischen, emotionalen, intellektuellen, sozialen, sexuellen und spirituellen. Übereinstimmung ist der Schlüssel zu wahrem Vergnügen, deshalb müssen die Partner in jeder Beziehung harmonisieren: in Temperament, Leidenschaftlichkeit, ihren körperlichen Belangen und sogar in der Größe ihrer Geschlechtsorgane. Das *Kamasutra* bietet Anleitungen für befriedigenden Sex und zeigt Wege, die Langeweile zu überwinden: "Der Hauptgrund für die Trennung von Ehemann und Ehefrau, die Ursache, die den Mann in die Arme fremder Frauen treibt und die Frau in die Arme eines fremden Mannes, ist die Suche nach unterschiedlichen Vergnügungen und die Monotonie, die dem Besitzergreifen folgt. Die Monotonie erzeugt eine Sättigung und diese einen Widerwillen und bald erliegt der eine oder andere der Versuchung. Es geschieht selten, dass beide sich in gleichem Maße lieben, oft ist der eine leichter zu verführen als der andere.

Der erste Schritt zu einem befriedigenden Sexualleben ist, den Koitus erst anzustreben, wenn beide Partner es wollen; der zweite Schritt ist, dass vor dem Geschlechtsverkehr Liebesspiele stattfinden sollen, die beide Partner gleichermaßen stimulieren. Drittens sollte der Liebesakt selbst in einer Stellung stattfinden, die den höchsten Lustgewinn und die höchste Befriedigung bietet. Die entsprechenden Stellungen sollten ständig variiert werden, damit es nicht langweilig wird. Außerdem sollten solche Stellungen bevorzugt werden, bei denen die Partner sich am besten streicheln können."

Veränderungen des Ortes, verschiedene Stellungen, verschiedene Stile, unterschiedliche Umgebungen sind notwendig, um die Monotonie zu bekämpfen. Deshalb gibt das *Kamasutra* detaillierte Anweisungen über die richtige Vorbereitung und das Ambiente. Neben den Variationen ist die Übereinstimmung das Hauptmerkmal für eine anhaltende Langzeitbeziehung, denn Paare, die gut zusammenpassen, tun das Bestmögliche für ihre gegenseitige Befriedigung. Es war Vatsyayana klar, dass eine Frau länger braucht, um den Höhepunkt zu erreichen, während ein Mann sehr schnell zum Orgasmus kommt.

Veränderungen am Liebeslager, verschiedene Stile, unterschiedliche Umgebungen sind alle notwendig, um der Monotonie zu begegnen

Daher war ihm wichtig, dass die Geschlechtsorgane von Mann und Frau zusammenpassen. Andernfalls sollte man unbedingt darauf achten, nicht nur den Geschlechtsverkehr zu verlängern, sondern auch Stellungen zu wählen, die beide Partner gleichzeitig zum Orgasmus führen.

Ähnlich wie die Biologie die Tierwelt, teilte Vatsyayana Männer und Frauen in Kategorien ein. Frauen werden nach ihren körperlichen Attributen, Temperament, Stimmungen und der Tiefe ihrer Vagina unterschieden, wohingegen bei Männern die Größe ihres Penis entscheidend ist. Wie den Griechen die Göttin Venus als Inbegriff der Schönheit galt, war Padmini oder die Lotusfrau für die Inder die perfekte Vertreterin des Weiblichen. Sie hatte ein Gesicht wie der Vollmond, ihr Körper war so weich wie eine Senfblume, ihre Haut so fein, zart und rein wie eine Lotusblume, ihre Augen so strahlend und schön wie die eines Rehkitzes, ihr Busen wohl geformt, fest und straff und sie hatte drei Hautfalten um den Nabel.

Man sollte Liebesstellungen wählen, die ein Höchstmaß an Vergnügen und Befriedigung schaffen

Ähnlich detaillierte Beschreibungen gibt es von anderen Frauentypen: *Chitrini* oder die Frau der Künste und *Shankhini* oder die

Schneckenfrau. Ausgehend von der Größe und Tiefe ihrer Vagina werden Frauen unterteilt in *Mrigi* (Gazelle), *Badava* (Stute) oder *Hastini* (Elefantenkuh). Männer werden den Kategorien *Shash* oder Hase mit einem kleinen Penis, *Vrish*, dem Stier, der ein normal großes und langes Organ hat, und *Ashva* oder Hengst, der einen extrem großen Penis hat, zugeordnet. Als ideal wurde die Vereinigung zwischen einem *Shashak* und einer *Mrigi*, einem *Vrish* und einer *Badava* sowie einem *Ashva* und einer *Hastini* angesehen, weil die Größe ihrer Geschlechtsorgane zueinander passt.

Dem *Kamasutra* zufolge gibt es sechs verschiedene Arten von unpassenden Vereinigungen, für die jedoch Lösungen angeboten werden. So gibt es verschiedene Positionen, die eine bessere Anpassung ermöglichen. Man sollte zum Beispiel bestimmte Stellungen vermeiden, wenn der Penis unverhältnismäßig groß oder die Frau sehr jung ist, um ihr keine Schmerzen und Verletzungen zuzufügen. Einige Stellungen steigern das Verlangen bei beiden Partnern, während andere überhaupt keine Befriedigung bieten, besonders für die Frau.

Zudem unterteilt Vatsyayana Männer und Frauen nach ihrer Eignung Sex zu haben. Ledige, Witwen, die wieder geheiratet haben, und Prostituierte gehörten zur Gruppe der *Gamya*, denn sie sind geeignet für den Sex. Diejenigen, die für eine körperliche Beziehung nicht geeignet sind, nannte er *Agamya*. Daneben gab es Aussätzige, Kranke, Charakterlose und Kriminelle. Vatsyayana betont, dass man keine körperlichen Beziehungen zu einer asketischen Frau, zur Freundin der Ehefrau, der Ehefrau eines Freundes, einer Lehrerin oder der Ehefrau des Königs aufnehmen soll.

Zudem sollen Männer Gentlemen sein ... aber wer ist tatsächlich qualifiziert dafür ein Gentleman zu sein? Für Vatsyayana waren die Voraussetzungen für einen kultivierten Mann eine legitime Ehefrau, eine richtige Arbeit und finanzielle Sicherheit. Ebenfalls wichtig war ein starker, gesunder Körper. Die Stellungen (*asanas*), auf die sich der Text bezieht, sind von Patanjalis berühmten *Yoga Shastras* abgeleitet und dienen nicht nur dazu, den Körper geschmeidig, gesund und fit zu halten und gleichzeitig seine Energiereserven zu erhöhen, sondern auch den Geist zu entfalten. Die *asanas* halfen außerdem Frauen bei kleineren Beschwerden, bei Menstruationsproblemen und Störungen während der Menopause oder bei Komplikationen in Zusammenhang mit

Gegenüberliegende Seite: *"Oh Gott! Stimuliere den Samen, den ich heute in diese Frau lege. Um mein Verlangen zu erfüllen, wird sie ihre Schenkel spreizen, sodass mein Stab, geführt von Begierde, in ihre Vagina eindringen kann"*

Schwangerschaft und Geburt. Daneben wird im Text großer Wert auf körperliche Hygiene gelegt: Ein kultivierter Mann sollte in einer sauberen, gepflegten Umgebung und nahe dem Wasser leben. Besondere Aufmerksamkeit, sollte auch dem Liebeslager gelten – es sollte bequem sein und weiche Kissen haben sowie saubere, weiche Laken.

In Bezug auf die weibliche Sexualität vertritt das *Kamasutra* eine sehr moderne Meinung. Viele Frauen sehen auch heutzutage noch ihre Hauptaufgabe in einer Beziehung darin, den Mann zu erfreuen und ihre eigenen Bedürfnisse hintan zu stellen. Vatsyayana jedoch ist besonders an der Erfüllung der sexuellen Bedürfnisse der Frauen gelegen. Als das *Kamasutra* geschrieben wurde, hatten Frauen das Recht und die Freiheit, ihre eigenen Wünsche zu äußern, wenn es zum Sex kam. Deshalb legt das *Kamasutra* der Frau nahe, ihren Körper genauestens zu erforschen und ihre sexuellen Bedürfnisse kennen zu lernen, sodass sie ihren Mann ohne Hemmung führen kann. Es ermutigt Frauen, die Rollen zu tauschen und beim Liebesakt die Initiative zu ergreifen; sie sollen die obere Position einnehmen und das Tempo bestimmen. Der Text warnt jedoch davor, nur die eigene Erfüllung zu suchen; die Frau sollte sich

Wenn der Mann Rücksicht auf die Bedürfnisse seiner Frau nimmt und den Liebesakt unterschiedlich gestaltet, kann er den Sex mit ihr genauso genießen wie mit 32 anderen Frauen

auch auf die Bedürfnisse und Stimmungen des Mannes einstellen, wenn sie beide Befriedigung und einen Orgasmus erlangen wollen.

Auch der Mann sollte aufmerksam sein und speziell die Körperteile der Frau berühren, auf die sie ihre Augen richtet. Das *Kamasutra* führt folgende Zeichen dafür auf, ob es der Frau gefällt und sie befriedigt wird: Ihr Körper entspannt sich; sie schließt ihre Augen; sie lässt alle Schüchternheit beiseite und zeigt wachsendes Einverständnis sich mit dem Mann zu vereinigen; ihre Hände zittern; sie will den Mann nicht weggehen lassen; sie ist deprimiert oder sie beißt. Dann sollte der Mann die Vagina der Frau streicheln, bis sie feucht ist und anschließend den Geschlechtsverkehr beginnen. Das *Kamasutra* sieht Frauen als vollwertige und aktive Teilnehmerinnen am Liebesakt an und ermahnt die Männer, ihren Samenerguss so lang wie möglich zurückzuhalten, um sie zum Orgasmus zu bringen: "Frauen lieben Männer mit ausdauernder sexueller Energie, dagegen verabscheuen sie den Mann, der schnell erschöpft ist und aufhört, bevor beide den Höhepunkt erreicht haben."

Glücklicherweise enthält das alte Liebeshandbuch viele Vorschläge zum Verlängern des Geschlechtsverkehrs. Neben Getränken, Cremes und Aphrodisiaka empfiehlt Vatsyayana verschiedene Stellungen, die das Vergnügen der Frau erhöhen und gleichzeitig die Erregung des Mannes reduzieren. Von besonderer Bedeutung war damals wie heute das Problem der vorzeitigen Ejakulation. "Die Lust des Mannes reicht bis zum Samenerguss, dagegen ist die Lust der Frau kontinuierlich. Wenn er seinen Samen ausgestoßen hat, will er sich ausruhen, während sie weitermachen will." Weiter sagt das *Kamasutra*, wenn ein Mann geschwächt und unfähig ist eine sexuell fordernde Frau zu befriedigen, solle er Yoga-Techniken anwenden.

Das *Kamasutra* gibt deshalb so detaillierte Beschreibungen, weil es Frauen und Männern die Komplexität von intimen Beziehungen verständlich machen will. Es beschreibt daher 64 Stellungen, durch die ein Mann und eine Frau sich körperlich nahe kommen können. Vatsyayana behauptet, dass der Ehemann den Sex mit seiner Frau genauso genießen kann wie mit 32 anderen Frauen, wenn er Rücksicht auf ihre Bedürfnisse nimmt und die Art des Liebeslebens unterschiedlich gestaltet. Jedoch weist er darauf hin, dass man bei manchen Stellungen vorsichtig sein müsse; manche erfordern ausgesprochen akrobatische Künste.

Jeder Mann und jede Frau weiß, dass mehr als Technik oder Größe die Leidenschaft zur sexuellen Befriedigung beiträgt: wenn das Verlangen den Körper überkommt und die Seelen zum Himmel aufsteigen, wenn jede Berührung, Liebkosung, jeder Augenkontakt, jedes Flüstern und jeder Ort lebendig werden und puren Genuss bieten. Es geht also nicht um Gymnastik im Bett, sondern um eine Möglichkeit, verschiedene Wege zu erkunden, die Gefühle zu erhöhen und jeden Augenblick neue entstehen zu lassen, anstatt in Langeweile und Widerwillen zu versinken. Das *Kamasutra* öffnet eine Welt zu sexueller Choreographie und Technik, die man lernen kann und aus deren Kenntnis neue Einsichten entstehen – ein Weg, um Leidenschaft und Intimität wieder zu entdecken.

Die Stellungen

Als ersten Schritt zum Geschlechtsverkehr muss der Mann sicherstellen, dass die Frau entspannt, erregt, willig und ihre Vagina

feucht ist. Es gibt viele Arten, die Erregung der Frau zu erhöhen: durch Küssen, Lecken, Streicheln ihrer Brüste, durch Berühren, Beißen und Liebkosen ihrer Vagina mit geschickten Fingern. Da keine zwei Frauen in der gleichen Weise lieben, muss der Mann seinen Rhythmus den Stimmungen und dem Temperament seiner Geliebten anpassen.

Die folgenden Stellungen sind die bestmöglichen, unterschieden nach der Größe der Geschlechtsteile von Männern und Frauen:

Mrigi oder die Gazellen-Frau

Für eine Gazellen-Frau gibt es drei Arten, sich während des Geschlechtsverkehrs hinzulegen:

Wie virtuos eine Frau auch immer scheinen mag oder wie sinnlich sie auch auftritt, ihre wahre Natur zeigt sie erst beim Liebesakt

Die klaffende oder weit geöffnete Position

Bei der "weit geöffneten Position" lässt die Frau ihren Kopf sinken und hebt das Becken. In diesem Fall sollte der Mann eine Creme auftragen,

Das *Kamasutra* nennt 64 Stellungen für den Geschlechtsakt von Mann und Frau. Diese Beschreibungen sollen nicht anregen, sondern belehren, denn ihre Kenntnis galt als wesentlich für die Befriedigung. Abwechslung wurde empfohlen gegen die Monotonie und um das Interesse beider Partner aufrecht zu erhalten. *Ananda* oder Glückseligkeit ist das erste Ziel der körperlichen Intimität. Um sicherzustellen, dass Mann und Frau nicht ihr Verlangen verlieren, dass das Feuer der Leidenschaft auch nach vielen Jahren Ehe noch brennt und dass beide, besonders die Frau, sich begehrt und reizvoll fühlen, empfiehlt das *Kamasutra* die routinierten und monotonen Wege des Geschlechtsverkehrs zu verlassen. Das *Kamasutra* rät Paaren zu den Stellungen, die die größte Lust erzeugen, zu einer Empfängnis führen, die Leidenschaft erwecken und, ganz wichtig, in einem beiderseitigen Orgasmus enden.

um das Eindringen zu erleichtern. Hebt sie ihre Schenkel und spreizt sie weit auseinander für den Verkehr, spricht man von der "klaffenden Position".

Die Position der Gattin Indras

Die Frau, die auch als Indrani bekannt ist, zieht beide Knie an, bis sie sich an ihre Brüste schmiegen; ihr Füße legt sie in den Armbeugen ihres Geliebten ab. Über diese Stellung und wie man sie durchführt, ist viel geschrieben worden. Kleine Frauen lieben diese Stellung, aber um darin göttlich zu werden wie Indrani, braucht es viel Übung.

Die Kaninchen-Stellung

Ein scheues Kaninchen spreizt seine Hinterbeine, um dem Männchen das Eindringen zu erleichtern; ähnlich spreizt eine Frau mit einer kleinen und engen Vagina ihre Beine weit auseinander. Dies ist die verbreitetste Stellung, bei ihr kann sogar der Penis eines Hengst-Mannes leicht eindringen.

Er umarmt die Frau von hinten, sie wendet ihm ihren Rücken zu, er dreht sie zu sich. Das erfordert einige Übung

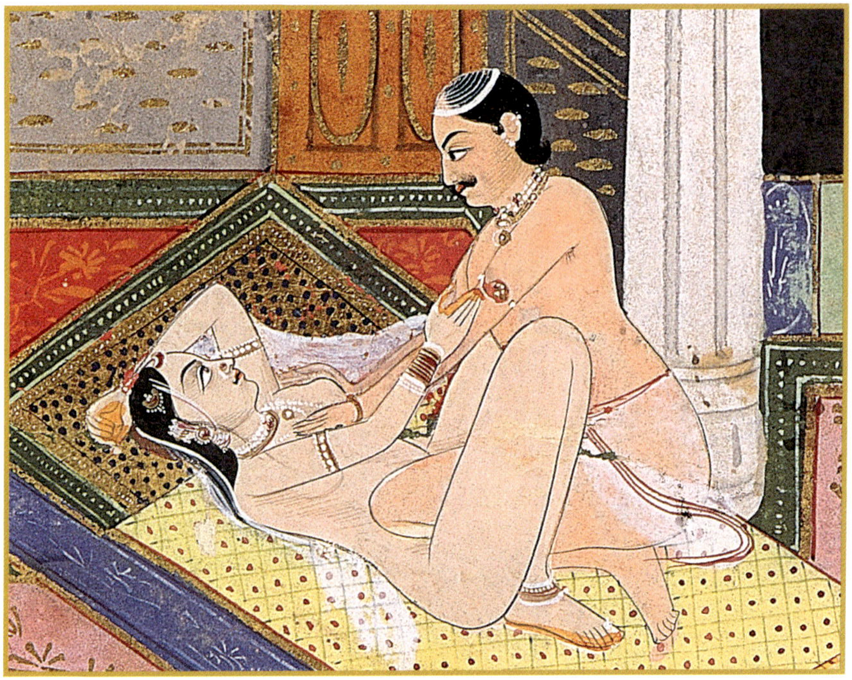

Hastini oder die Haltung der Elefanten-Kuh

Diese Stellung ist von Hastini oder der Elefantenkuh übernommen, die natürlich eine große Vagina hat. Ist der Mann klein (Hase- oder Stier-Typ), sollte sich solch eine Frau neben ihn kuscheln und sich auf die Größe des Partners zusammenziehen.

Samarati oder Die passende Vereinigung

Passen Mann und Frau körperlich gut zusammen, können sie ihre Körper weit ausstrecken um die höchste Lust zu gewinnen. Wenn die Beine beider Partner gestreckt sind, spricht man von der "umklammernden Stellung". Hier gibt es zwei Variationen: auf dem Rücken liegend und die seitliche Position, bei der der Mann auf seiner linken Seite liegt und die Frau entsprechend auf ihrer rechten Seite.

Bei Nacht nähert er sich ihr, küsst ihre Hände und Finger und erweckt in ihr das Verlangen nach amourösen Spielen

Badava Asana

Diese Stellung ist für Frauen mit normaler Statur geeignet. Hat eine Stuten-Frau Verkehr mit einem *Ashva* (Hengst)-Mann, muss sie ihre Beine so weit wie möglich spreizen, um einen großen Phallus eindringen zu lassen. Will sie einen *Shashak* (Hasen)-Mann lieben, sollte sie ihren Körper zusammenziehen. Ist der Partner eher einen Stier-Typ, kann sie ihre Körper spreizen und strecken, wie sie will. Diese Art der Vereinigung wird *Samputak* genannt. Sie ist sinnvoll, wenn beide Partner gut zusammenpassen.

Auf dem Rücken

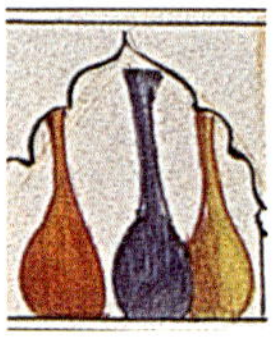

Die leichteste Stellung für eine Frau ist die Rückenlage. Die Knie werden angezogen, die Schenkel angehoben und dabei die Beine weit gespreizt, sodass das Eindringen einfach ist. Sogar ein Hengst-Mann kann in dieser Stellung in eine Gazellen-Frau leicht eindringen.

Bhugnak

Hier liegt die Frau auf dem Rücken, winkelt die Knie an und hebt die Schenkel, aber sie spreizt die Beine nicht auseinander. Stattdessen legt sie ihre Knie an die Brust des Mannes, der dann in einer halb sitzenden Position in sie eindringt.

Vadavaka

Gegenüberliegende Seite: *Voller Leidenschaft liebkost sie ihn mit einer Hand, mit dem anderen Arm erregt sie ihn, indem sie ihn berührt und massiert*

Wie eine Stute den Hengst umfasst die Frau den Penis des Mannes und drückt ihn mit ihrer Vagina. Diese Stellung, die ekstatisch für den Mann und sehr befriedigend für die Frau sein kann, ist auch als der Stutentrick bekannt, und erfordert schnelle Kontraktion und Anspannung der Vagina. Mit *Vadavaka* kann eine Elefantenkuh-Frau sogar einen Hasen-Mann erfreuen, der seinen Penis dabei als äußerst groß empfindet. Die

Stellung erfordert sehr starke und gesunde Beckenbodenmuskeln; es bedarf einiger Übung, bis sie perfekt ist.

Jrimbhitaka

Hier sitzt die Frau und legt ihre Beine auf die Schultern des Mannes. Der Mann nimmt ebenfalls eine sitzende Position ein, seine Knie befinden sich in Höhe der Schultern der Partnerin. Diese Stellung führt zu einer Kontraktion des weiblichen Genitals.

Utpiritaka

Die Frau winkelt die Beine an und legt sie gegen die Brust ihres Geliebten. Der Mann legt seine Beine um die Schultern der Frau. Während des gesamten Liebesaktes werden die Beine der Frau vom Brustkorb des Mannes gestützt. Diese Stellung verursacht ein eigenartiges Herzklopfen bei beiden Partnern.

Padmasana

Die Frau nimmt die Yoga-Stellung *Padmasana* ein, während sie auf dem Rücken liegt und ihre Schenkel hebt, ohne dabei die Stellung zu verlassen. Der Mann führt seine Hände durch ihre angewinkelten Beine und fasst sie an den Schultern, um sich auf sie zu legen.

Die Schubkarre

Das ist eine großartige Stellung für Frauen, denn sie stimuliert den G-Punkt. Sie ist aber auch für den Mann sehr erotisch, denn er kann ihre herrlichen Pobacken sehen und mühelos in sie eindringen. Die Frau liegt auf dem Bauch und legt ihren Kopf bequem auf ihre gekreuzten Arme, die ein Kissen bilden. Sie kann sich frei bewegen und besonders in der speziellen Position mit einem erhobenen Bein das Bein höher oder tiefer

Gegenüberliegende Seite: *Manchmal, wenn die Leidenschaft oder das Temperament fehlen, oder der Mann müde ist, dreht die Frau die Rolle um und nimmt die Position des Mannes ein*

legen, bis der Penis ihren G-Punkt berührt. Gleichzeitig kann der Mann ihre Beine, Hüften oder Knöchel halten und die Stellung kontrollieren.

Viparita Maithuna oder der umgekehrte Geschlechtsverkehr

Diese Stellung hält Vatsyayana für die heiligste. "Wenn eine Frau sieht, dass ihr Geliebter von einem langen Zusammentreffen erschöpft ist, ohne dass sein Verlangen gestillt ist, sollte sie ihn auf den Rücken legen und seinen Part übernehmen."

Ist die Frau oben, kann sie den sexuellen Rhythmus besser bestimmen, die Initiative ergreifen und mit Berührungen, Umarmungen und Küssen und allen anderen Arten des Vorspiels beginnen. Das *Kamasutra* beschreibt, dass man mit aneinandergelegtem Mittel- und Ringfinger den G-Punkt der Frau erreichen und ihn durch rhythmisches Reiben stimulieren kann. Zusätzlich können Männer Vulva, Brüste und andere Körperteile ihrer Partnerin mit ihren Händen stimulieren und werden durch die Beobachtung ihrer Körperbewegungen auch visuell stimuliert. Die Frau kann verschiedene Rhythmen ausprobieren, ihr Becken in verschiedene Richtungen drehen, während sie gleichzeitig ihres Geliebten Mund, Gesicht, Hals und Ohren küsst, leckt und beißt.

Wenn sie auf dich steigt,
fallen die Blumen aus ihrem zerzausten Haar,
ihr Kichern geht in ein Keuchen über;
wenn sie sich beugt, um deine Lippen zu küssen,
berühren ihre Brustwarzen deinen Oberkörper.
Wenn ihre Hüften sich wild zu bewegen beginnen,
wirft sie den Kopf nach hinten, bewegt sich immer schneller;
sie kratzt, bearbeitet dich mit schlanken Fäusten,
gräbt ihre Zähne in deinen Hals und macht mit dir,
was du oft mit ihr gemacht hast.

Das *Kamasutra* bietet Frauen die Wahl zwischen drei einfachen, aber berühmten Techniken, wenn sie die Rolle des Mannes übernehmen:

Samdamsha oder die Zangen

Die Frau bedient sich des Stutentricks und hält den Penis in ihrer Vagina fest, drückt ihn abwechselnd, lässt ihn wieder los und behält ihn 100 Herzschläge lang in sich.

Brahmara oder die schwirrende Biene

Wenn die Frau ihre Füße hochzieht und ihre Hüften kreisen lässt, sodass der Penis sich tief in ihrer Vagina bewegt genau wie eine Biene, die um eine Blüte schwirrt, wird dies *Brahmara* genannt.

Prenkholita oder die Schaukel

Die Frau lässt ihre Hüften weit ausholend und wie eine Acht kreisen und schaukelt dabei auf dem Körper des Mannes wie auf einer Wippe.

Ein spontanes Verlangen wird durch die Erfahrung noch verstärkt. Aus dem gegenseitigen Verständnis erwächst die Erregung, die allmählich zu einem andauernden Gefühl wird

Neben diesen drei häufig angewandten Techniken, bietet das *Kamasutra* verschiedene Variationen der Umkehrung oder *Viparita Maithuna*:

Sie fängt deinen Penis ein, die Lady
mit braunen Augen wie abfallende Lotusblüten,
und führt ihn in ihre Grotte,
umklammert dich und schüttelt ihr Becken:
das nennt man *Charunarikshita* oder
die liebliche Frau, die beherrscht.

Auf deinem Penis sitzend
legt sie beide Hände auf das Bett
und liebt dich, während du
deine beiden Hände an ihr klopfendes Herz drückst,
das ist *Lilasana* oder der Sitz, der Vergnügen bereitet

Sie sitzt aufrecht auf dir,
wirft ihren Kopf zurück wie eine Stute,
stellt ihre Beine zusammen aufs Bett
an einer Seite dicht an deinen Körper,
das nennt man *Hansabandha* oder der Schwan.

Die junge Frau setzt einen Fuß
auf dein Herz und den anderen auf das Bett.
Kühne, aufreizende Frauen mögen diese Stellung,

die in der Welt bekannt ist als
Upavitika oder der Heilige Faden.

Wenn deine Geliebte auf dir sitzt,
die Beine im Lotussitz gekreuzt,
und sie dich mit aufrechtem und
ruhigem Körper liebt,
nennt man das *Yugmapada* oder das Joch des Fußes

Wenn sie dich in Fahrt bringt,
während sie deine Füße anschaut,
und ihre beiden Füße auf deine Schenkel stellt
und dabei ihre Hüften heftig bewegt,
heißt das *Hansa-lila* oder das Vergnügen des Schwans.

Wenn du flach auf deinem Rücken liegst,
die Beine ausgestreckt,
und deine Geliebte sitzt rittlings auf dir, das Gesicht abgewendet
und greift deine Füße,
nennt man das *Vrisha* oder der Bulle.

Deine Geliebte liegt auf dir und
dreht sich wie ein Rad,
sie stützt eine Hand nach der anderen auf dem Bett ab
und küsst deinen Körper, während sie kreist:
Kenner nennen das *Chakrabandha* oder das Rad.

Neben diesen allgemeinen Stellungen findet man im *Kamasutra* auch maßgeschneiderte Lösungen für individuelle Bedürfnisse der Partner:

Für neue Paare

Frisch verheirateten Paaren oder denen, die zum ersten Mal Geschlechtsverkehr haben, empfiehlt das *Kamasutra* die einfachste und verbreitetste Stellung: die Missionarsstellung, in der der Mann die dominierende Rolle innehat und die Stimulation beider bestimmt. Die Partnerin hat in dieser Stellung eine passive Rolle. Einige der Techniken fördern die Nähe: Augenkontakt, Steuern der Hüftbewegungen der Partnerin, Massieren von Nacken und Rücken, Knabbern an den Ohren, am Hals oder den Lippen. Diese direkte Stellung wird am häufigsten praktiziert, ist klassisch und universell und ermöglicht viele Variationen, die sie attraktiver und erregender machen. Von Vorteil sind die Beweglichkeit der Hände, die Nähe der Gesichter und die bequeme Lage der Körper.

Besonders bei jungen Paaren ist diese Stellung beliebt, weil viele sie mit Liebe und Romantik und dem Beginn von Beziehungen verbinden. Wenn erst einmal ein guter Anfang mit Geduld und Rücksicht gemacht ist, führt diese Stellung die frisch Verliebten auf den Weg, ihre Sexualität mit Fantasie und Energie zu erkunden.

Für kreative Paare

Für eine etwas fortgeschrittenere Stellung verändern beide Partner die Lage ihrer Beine. Die Frau schließt ihre Beine, während der Mann breitbeinig über ihr sitzt. Der Mann erfährt hierbei eine zunehmende Stimulation des Penis und die Frau zusätzliche Erregung an den Innenseiten der Schenkel.

Gegenüberliegende Seite: *Besteige die Schenkel deiner Gattin, deine Hände unterstützen dich dabei, halte dich an ihr fest und dann vereint euch voller Freude, sodass der Sonnengott euch ein langes Leben gewährt*

Für beleibte Personen

Dies ist eine Abwandlung der Missionarsstellung. Die passive Person, in der Regel die Frau, sitzt auf einer Stuhl- oder Bettkante, der Mann kniet

vor ihr und bewegt seine Hüften nach vorne. Diese Stellung erfordert jedoch mehr Koordination als die Missionarsstellung und wird außerdem für weniger intim gehalten. Aber sie erlaubt ein ausgedehntes Vorspiel, denn der Mann ist in einer ausgezeichneten Lage, die Genitalien seiner Partnerin mit Augen, Händen oder dem Mund zu erforschen.

Für Fortgeschrittene und Abenteurer

Bei dieser Umkehrung der Missionarsstellung liegen Mann und Frau nun Kopf an Fuß und Fuß an Kopf. Hierbei ist der Winkel, in dem der Mann eindringt, ungewöhnlich im Vergleich zu anderen Stellungen. Es ist eine gut Stellung für Leute, die einen Sinn für Abenteuer haben. Beide Partner sollte unbedingt darauf achten, dass sie saubere und gut riechende Füße haben!

Für träge Paare, die gerne sitzen

Diese Stellung ist für jene geeignet, die eine eher geruhsame Intimität wollen. Mann und Frau sitzen sich gegenüber, der Mann mit gekreuzten Beinen auf dem Bett oder Fußboden und die Frau rittlings auf ihm. Dies ist eine wundervolle Stellung um sich näher zu kommen, sich anzuschauen, zu küssen und in des anderen Ohr zu flüstern. Viele bevorzugen allerdings, in die entgegengesetzte Richtung zu sehen, weil die Stellung dadurch stabiler ist. In dieser Position ist es schwer, kraftvoll einzudringen, daher ist sie besonders gut für diejenigen geeignet, die sich schämen ihre Partner anzuschauen.

Für schwangere Frauen

Diese Stellung, in der Mann und Frau Seite an Seite liegen, wird empfohlen, wenn die Frau schwanger ist. In dieser Stellung, die sehr intim sein kann, schmusen die Partner miteinander. Es ist die perfekte Art, sich zu umarmen, geliebt und beschützt zu fühlen. Der Mann liegt

Gegenüberliegende Seite:
Sitzen ist eine wunderbare Position, um sich nahe zu kommen. Es hilft sich beim Küssen und Streicheln in die Augen zu sehen

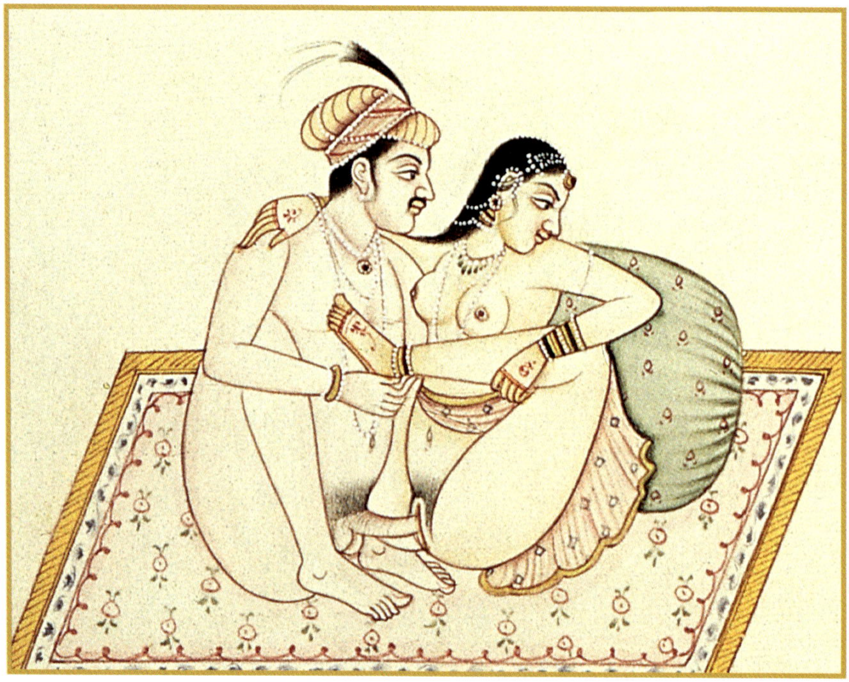

meist auf dem Rücken und bereitet ihre Vagina vor, sodass er leicht eindringen kann, die Frau neigt ihm ihr Becken zu.

10 Arten von Stößen

Neben den Stellungen empfiehlt das *Kamasutra* auch, den Penis während des Liebesaktes originell einzusetzen. Es beschreibt 10 verschiedene Stoßarten mit dem Penis während des Geschlechtsverkehrs. *Upasripta* ist der normalste, den sogar die ungeübtesten Männer instinktiv ausführen und der zur Stimulierung der Klitoris führt. Es ist ein sanft vorwärts ausgeführter Stoß, der in Tiefe und Geschwindigkeit verändert werden kann und so Zartgefühl, Rhythmus und Spontaneität zulässt, was die anderen neun Arten vermissen lassen.

Ein Mann hat Lust bis zum Samenerguss, während die Lust der Frau weiter anhält. Er will seine Ruhe, sie ist enttäuscht und möchte gerne weitermachen

Die anderen Arten sind folgende:

- *Manthana* oder das Wirbeln: Den Penis greifen und ihn in der Vagina kreisförmig bewegen.

- *Hula* oder das zweischneidige Messer: Der Penis wird kräftig in die Vagina gestoßen. Wenn die Hüften der Frau von einem Kissen gestützt werden und der Mann von unten nach oben stößt, spricht man von *Avamardana* oder Reiben.

- *Piditaka* oder das Drücken: Bei Atemlosigkeit wird der Penis tief in den Unterleib gedrückt.

- Mit dem Genital die Leiste berühren. Diese Haltung, genannt *Piritak*, führt bei beiden Partnern zu ungeheuer starker Erregung.

- *Nirghata* oder der Schlag: Sich komplett zurückziehen, nachdem der Penis heftig in den Unterleib hineingestoßen wurde.

- *Varahaghata* oder der Stoß des Ebers: Der Penis wird fortwährend an eine Seite der Vagina gedrückt.

Abwechslung in den Stellungen eröffnet unzählige Möglichkeiten und Variationen, die das sexuelle Begehren lebendig erhalten

- *Vrishaghata* oder der Stoß des Bullen: Der Mann stößt wild in jede Richtung, wie ein Bulle seine Hörner.

Verschiedene Arten der Vereinigung

Körperliches Geschick ist ein Aspekt beim Liebesakt, die andere, wichtigere Komponente sind die Gefühle. Das *Kamasutra* unterscheidet daher zusätzlich verschiedene Arten des Geschlechtsverkehrs, abhängig von der Art der Gefühle und Menschen, die daran beteiligt sind:

Vereinigung der Liebenden

Zwei Frauen zu lieben, die sich mögen und den selben Geschmack haben, nennt man Gruppensex. Umgibt sich ein Mann mit mehreren Frauen, spricht man vom "Koitus mit der Kuhherde"

Wenn ein Mann und eine Frau, die sich schon einige Zeit lieben, nur unter großen Schwierigkeiten zusammenkommen oder wenn einer der beiden von einer Reise zurückkehrt, oder man sich nach einem Streit wieder versöhnt, nennt man den sexuellen Akt die Vereinigung in Liebe. Er beginnt, wenn die Liebenden es wollen und dauert so lange, wie sie es wünschen.

Vereinigung der alten Liebe

Wenn zwei Menschen zusammenfinden, deren Liebe zueinander bereits in ihrer Kindheit entstand, spricht man von der Vereinigung der alten Liebe.

Vereinigung der spontanen Liebe

Dies ist der Liebesakt, der zwischen zwei Menschen stattfindet, die sich anziehend finden und die sich spontan aus eigenem Antrieb heraus vereinen.

Vereinigung der künstlichen Liebe

Wenn ein Mann den Geschlechtsverkehr beginnt, indem er sich selbst mit Hilfe der 64 Arten erregt, oder wenn ein Mann und eine Frau sich treffen, die eigentlich mit anderen Personen verbunden sind, wird diese Art von Sex die Vereinigung der künstlichen Liebe genannt.

Vereinigung der übertragenen Liebe

Wenn ein Mann von Anfang bis Ende des Zusammenseins denkt, er

Wenn er kommt, um sie zu sehen, bringt er der Frau, die er verehrt, Blumengirlanden, ausgesuchte Schönheitsmittel und andere Geschenke mit

vergnüge sich mit einer anderen Frau, die er liebt, spricht man von der Vereinigung der übertragenen Liebe.

Vereinigung der Eunuchen

Das Zusammensein zwischen einem Mann und einer Wasserträgerin, einer Dienerin oder einer Person einer niedrigeren Kaste, das nur andauert, bis das Verlangen gestillt ist, wird als Vereinigung der Eunuchen bezeichnet. Hier gehören Vorspiel, Berührungen, Küssen und Manipulation nicht dazu.

Die falsche Vereinigung

Das Zusammensein zwischen einer Kurtisane und einem Bauern oder zwischen einem Städter und anderen Frauen aus dem Dorf oder angrenzenden Ländern, wird die falsche Vereinigung genannt.

Geschlechtsverkehr mit Kurtisanen und anderen Frauen

Vatsyayana zog in Betracht, dass Ehefrauen trotz aller Kenntnis der Liebeskünste ihre Männer vielleicht ermüden könnten und gestand diesen zu, anderweitig nach sexueller Freude zu suchen. Das *Kamasutra* weist auf die Möglichkeit hin, Befriedigung zu finden, indem man die Frauen anderer Männer verführt, die erregend, reizvoll und das Verlangen nach ihnen wert sind und darüber hinaus großen Spaß im Bett versprechen. Es war außerdem nicht verboten, Kurtisanen oder *ganikas* aufzusuchen, ebenso wenig wie sich bei Gruppensex zu vergnügen, wenn die Leidenschaft nicht durch normalen sexuellen Verkehr mit dem Partner befriedigt werden konnte. Vatsyayana nannte mehrere Alternativen.

- Wenn ein Mann sich mit zwei Frauen zur selben Zeit vergnügt und beide ihn gleich lieben, nennt man das den vereinigten Koitus.

- Vergnügt sich ein Mann mit mehreren Frauen gleichzeitig, spricht man vom Koitus der Kuh-Herde.

Gegenüberliegende Seite: *Wenn die Lust erst einmal erwacht ist, wenn er sie mit Blütenessenzen eingerieben und ihr Betel gereicht hat, stimuliert er sie mit seinen Umarmungen und beginnt mit den Liebesspielen*

- Viele junge Männer vergnügen sich mit einer Frau, die auch mit einem von ihnen verheiratet sein kann, entweder einer nach dem anderen oder zur selben Zeit. Dann hält einer sie, der andere vergnügt sich mit ihr, ein Dritter küsst ihren Mund, ein Vierter beschäftigt sich mit dem mittleren Körperbereich; so erfreuen sich alle abwechselnd an ihren verschiedenen Körperteilen.

- Diese Art von Koitus ist auch mit Kurtisanen oder mit Frauen aus dem königlichen Harem erlaubt.

Tiere nachahmen

Zu einer Zeit, als die Gesellschaft überwiegend bäuerlich und eng mit der Natur verbunden war, war es natürlich, dass einige der im *Kamasutra* empfohlenen Stellungen von der Natur inspiriert waren und besonders von domestizierten Tieren, die man täglich beobachten konnte. "Ein erfinderischer Mensch könnte die Arten des Vereinigens um diejenigen der verschiedenen Tier- und Vogelarten vervielfachen. Für diese unterschiedlichen Arten des Sexualverkehrs, die nach den Sitten jedes einzelnen Landes und dem Wollen jedes Individuums ausgeführt werden, wecke Liebe, Wohlwollen und Respekt in den Herzen der Frauen."

Jede Tierart hat ihr eigenes besonderes Paarungsverhalten; und Männer und Frauen, die das beobachteten, haben es übernommen.

Das Verhalten von Kühen, Büffeln, Hunden, Pferden, Ziegen, Schafen genauso wie von anderen Wildtieren wurde beobachtet und nachgeahmt, wodurch dem Liebesspiel Varianten und Neuerungen hinzugefügt wurden. Wenn sich zum Beispiel eine Frau im Vierfüßerstand befindet und ihr Geliebter sie wie ein Stier besteigt, spricht man von der Kuhstellung. Ebenso heißen andere Positionen die sportliche Vereinigung im Wasser, die Vereinigung eines Elefanten mit vielen Elefantenkühen, die Vereinigung der Ziegen, der Hirsche, des Hundes, das kraftvolle Aufsteigen des Esels, die Vereinigung der Katze, der Sprung des Tigers, das Drücken des Elefanten, das Reiben des Ebers und der Aufstieg des Pferdes.

Gegenüberliegende Seite: *Sexuelle Beziehungen können abwechslungsreicher werden, wenn man das Liebesleben von Haustieren und wilden Tieren sowie Insekten beobachtet. Wer dann seiner Fantasie freien Lauf lässt, erringt Zuneigung, Verlangen und Achtung bei den Frauen*

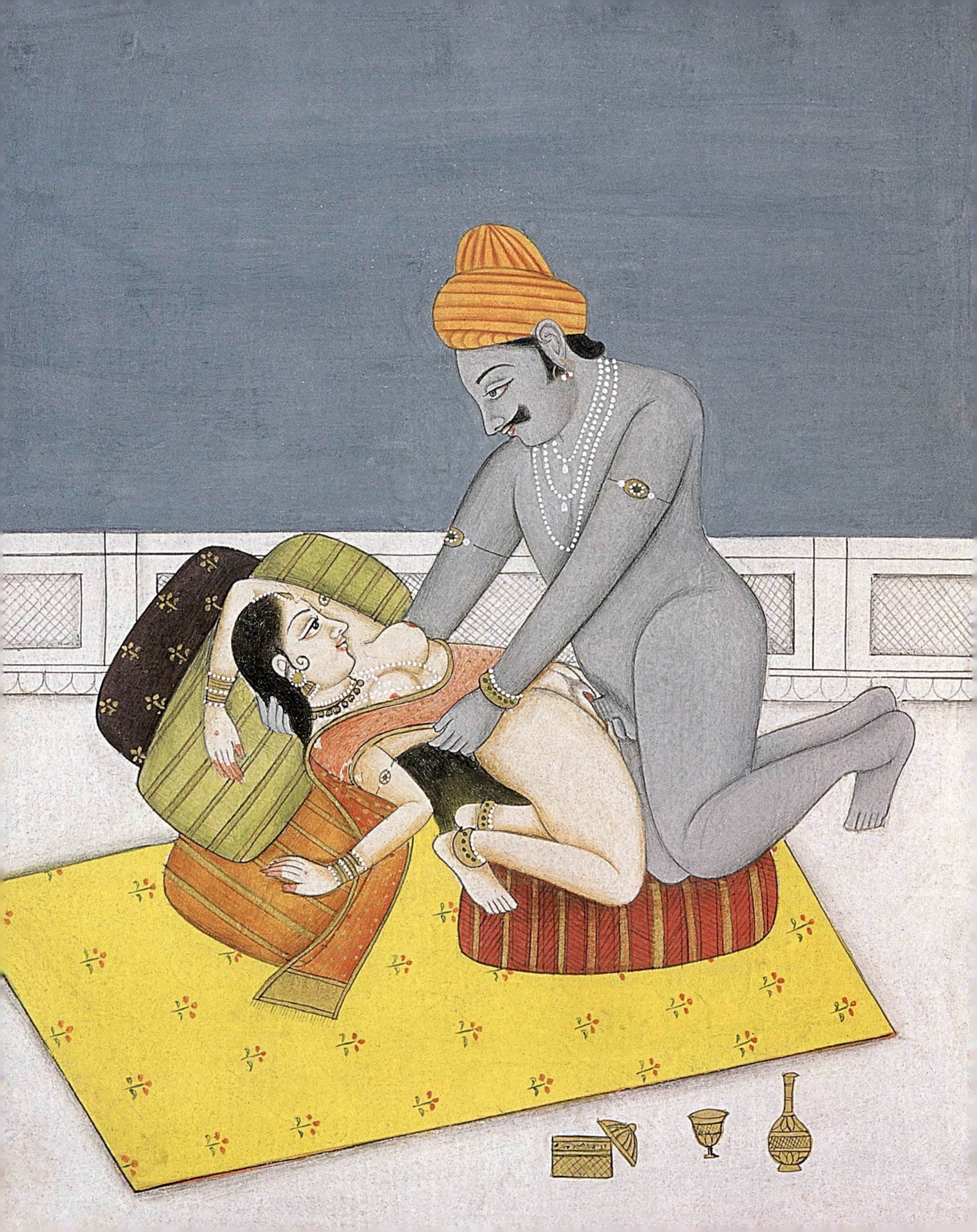

Orgasmus

Jeder Geschlechtsverkehr ist auf einen Orgasmus ausgerichtet, und das ist gemäß dem *Kamasutra* das Grundrecht von Männern und Frauen. Außerdem belehrt der Text die Männer, dass Frauen länger bis zum Orgasmus brauchen und dass sie deshalb so zu behandeln seien, dass "sie ihren sexuellen Höhepunkt zuerst erreicht."

Für die Unerfahrenen beschreibt das *Kamasutra* detailliert die physischen Voraussetzungen, die den Höhepunkt ankündigen: "Das Zittern der Hände ist das erste Anzeichen dafür, dass die Frau die höchste Stufe der Erregung erreicht hat." Zu diesem Zeitpunkt zeigt sie tiefe Liebe und erlaubt es dem Partner nicht, sich zurückzuziehen, auch wenn er bereits einen Samenerguss hatte. Das Zucken in ihrer Vagina wird *Chatakavilasa* genannt oder das Flattern des Sperlings und kündigt in der Regel den Orgasmus an. Das unfreiwillige Beben beim Orgasmus heißt *Samputa*, die Schatzkiste.

Vatsyayana hat auch Regeln für die Zeit nach dem Geschlechtsverkehr festgelegt. Er empfiehlt den Partnern, sich nicht gleich voneinander zu lösen, um den anderen noch zu spüren. Dies hilft, die Nähe zu bewahren. Nach der Trennung solle der Mann mit seinen Händen den Körper der Frau mit Sandelholzpaste einreiben. Anschließend sollte das Paar auf der Terrasse im Mondlicht zusammensitzen, liebevoll miteinander reden, essen und trinken.

Zu diesen Dingen kann es keine Aufzählung oder irgendwelche bestimmten Regeln geben. Beim Geschlechtsverkehr, wenn er einmal begonnen hat, bestimmt allein die Leidenschaft, was die Partner miteinander tun.

Gegenüberliegende Seite:
Ob sie fortwährend sexuelle Beziehungen haben oder keusch nebeneinander her leben, wahre Liebe zwischen zwei Menschen vergeht nie, auch nicht nach 100 Jahren

Die Grenzen sinnlicher Freuden überschreiten

Von allen Energien, die wir haben, ist die sexuelle die stärkste, denn sie wird als ein Geschenk Gottes angesehen. Durch sie ist es den Menschen möglich, einen Blick auf das Göttliche zu werfen …

Am Anfang war das Chaos und aus dieser Unordnung entwickelte sich die Schöpfung. Aus der Ordnung materialisierte sich das Bewusstsein und gleichzeitig die Unterscheidung der Geschlechter. So wurde das Universum nicht nur als heilig, sondern auch als im Wesentlichen sexuell angesehen.

Der Ursprung des Lebens basierte den Vorstellungen nach auf *Kama*, dem ersten Prinzip des Verlangens. Symbole und Mythen, die in Form von Erzählungen, Gedichten, Balladen und Dramen überliefert wurden, erklärten das Unbekannte. Im Mittelpunkt dieser Mythen steht die Vorstellung, dass die Dualität, die während der Schöpfung entstanden ist, immer bestrebt ist, sich mit dem ersten Prinzip wieder zu vereinigen. Das höchste Ziel im menschlichen Leben war es also, die zu Grunde liegende Einheit mit der Natur wiederherzustellen. Der menschliche Körper galt als eine unter vielen Möglichkeiten, das Göttliche in sich selbst zu finden.

Eine Lehrmeinung besagt, dass man durch die sexuelle Vereinigung eine Verbindung mit dem Ursprung der Schöpfung eingehen könne, und dass diese Verbindung das menschliche Bewusstsein auf eine höhere Ebene hebe. So wurde die Sexualität als eine Bestätigung des Lebens verstanden, und der Sinn des Lebens bestand darin, Vergnügen anzustreben und Wege zur Ekstase zu finden.

Heute wird Sexualität eher gering geschätzt und manchmal als ein niedriger Instinkt des Menschen betrachtet. Dies war nicht immer so und erst recht nicht in Indien. Die Menschen in früheren Zeiten standen der Sexualität offen gegenüber und anstatt von Hemmungen geplagt waren sie begierig darauf, etwas über ihre Sexualität zu lernen und Liebeskunst durch Wissen und Übung zu verbessern. Befriedigung in jeder Hinsicht wurde als Charakteristikum

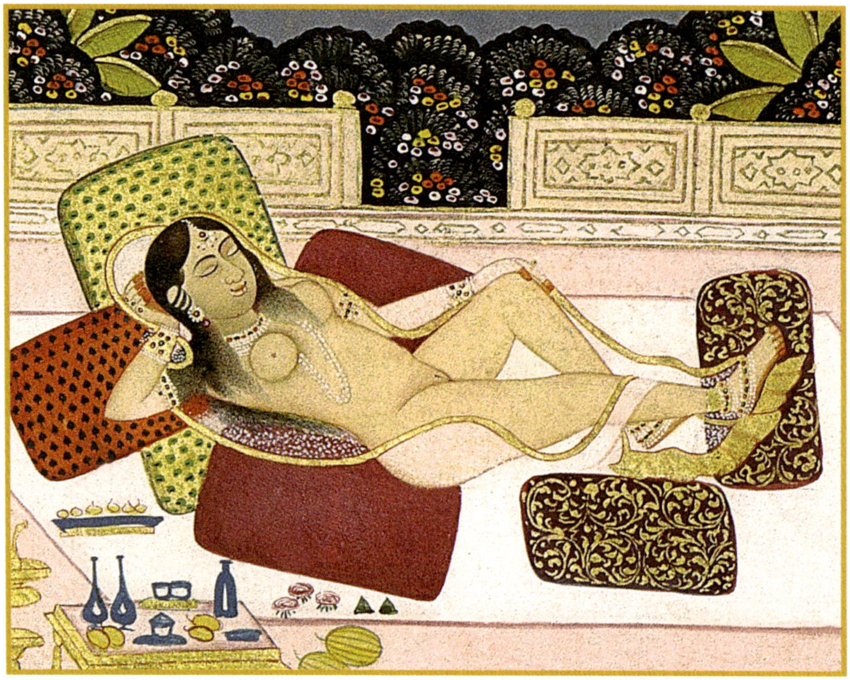

einer kultivierten Gesellschaft angesehen und über jeden Aspekt des Lebens wurde geforscht und in umfangreichen Abhandlungen berichtet.

Demzufolge wurden Sexualität und mit ihr der Körper Mittel zur spirituellen Entwicklung. Das Zusammenkommen von Mann und Frau wurde als heilig angesehen und diese Vorstellung wurde ein Grundpfeiler der indischen Philosophie. Sexualität in allen ihren Ausprägungen war es wert, von Anbeginn der Zeit an verehrt zu werden, denn aus der Vereinigung von Mann und Frau und der Energie, die von dieser Vereinigung ausging, entstand das Leben.

In jeder Tätigkeit gab es eine heilige Komponente. Ob beim Essen, Trinken, Berühren, Streicheln oder Liebesakt, jede Handlung war eine Form von *rasa*, ein kreativer Ausdruck des Verlangens. Die Hindus glaubten, dass die ungeheueren Kräfte des Verlangens in die höchste Form spiritueller Energie übertragen werden konnten, nicht durch Entsagung, sondern durch Unterwerfung. Von diesen Energien war die sexuelle die stärkste, sie wurde als ein Geschenk Gottes angesehen,

Die Flut des Verlangens führt durch das Gute und das Böse. Die Menschen müssen sich anstrengen, um diese Flut auf den richtigen Weg zu lenken

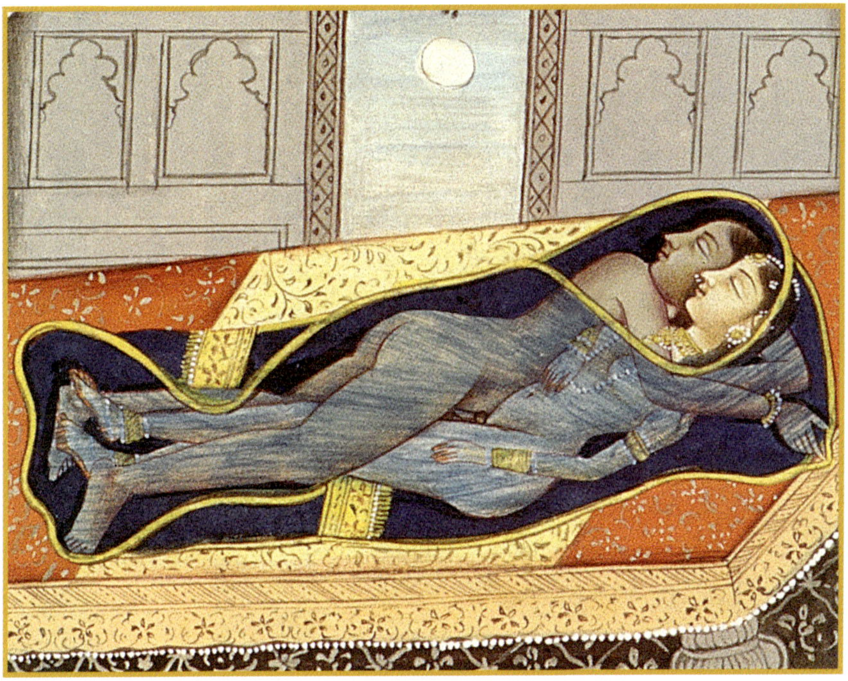

denn sie ermöglichte es den Menschen, einen Blick auf das Göttliche zu werfen.

Deshalb war Sex nicht etwa der Gegner des Geistes, sondern sein Verbündeter. Die Energie konnte verstärkt werden, indem die Sexualität als die ursprüngliche Kraft von Shakti verehrt wurde, dem weiblichen Gegenüber von Shiva, der männlichen Seite. Daher war die Vereinigung von Mann und Frau, symbolisiert von Shiva und Shakti, nötig, um dem menschlichen Leben Gleichgewicht zu geben und um die Welt vollwertig, dynamisch, liebevoll und fruchtbar zu gestalten.

Sexualität an sich ist weit mehr als Geschlechtsverkehr. Der Moment, wo sich zwei Augenpaare treffen, sich Hände zum ersten Mal berühren, das Gefühl, wenn Lippen sich küssen, der warme Atem auf nackter Haut – jede Berührung, jedes Seufzen, jeder Geruch und Klang ist ein emotionsgeladener erotischer Moment, der bewahrt und erinnert werden sollte. Als das wahre Wesen des Verlangens kann die körperliche Seite nicht von der erotischen getrennt werden, denn ohne Erotik ist Sex leer.

Wenn alles Verlangen gestillt ist, ist die Wurzel der Wahrnehmung sicher gepflanzt. Auf dem Weg zu spiritueller Erkenntnis ist die Erfüllung der Begierde wesentlich

Das Kamasutra

Diese Vorstellungen festigten sich über 2000 Jahre, lange bevor das *Kamasutra* geschrieben wurde. Daher war der Gedanke, dass der Körper genauso heilig wie der Geist ist, für Vatsyayana nichts Neues. Von wesentlicher Bedeutung im *Kamasutra* ist die Betonung des Gleichgewichts, das heißt, in allen Bereichen des Lebens das richtige Verhältnis anzustreben. Die Offenheit gegenüber der Sexualität war verbunden mit moralischem und ethisch sozialem Verhalten. Zur richtigen Lebensweise gehörte es, das Gleichgewicht zwischen allen menschlichen Bedürfnissen zu finden: körperlichen, emotionalen, intellektuellen, sozialen, sexuellen und spirituellen.

Nach der vedischen Tradition sollte der Mensch vier Lebensziele verfolgen: *Artha* oder äußere Sicherheit und Zufriedenheit; *Kama* oder die Erfüllung des Verlangens; *Dharma* oder Leben gemäß den Naturgesetzen und *Moksha* oder das Streben nach der allumfassenden Freiheit.

Man hielt das menschliche Leben für kostbar, denn nur Menschen können reflektieren und ein höheres Bewusstsein erlangen. Dieses Streben nach der Verbindung mit dem höheren Bewusstsein wurde als der Hauptzweck des Lebens angesehen. Deshalb empfahlen die Schriften den Menschen, weder ihre spirituellen Bedürfnisse noch Pflichten gegenüber Familie, Gemeinschaft und Karriere zu vernachlässigen. Auch ihre Sensibilität, ihr Bedürfnis nach Liebe und erotischer Erfüllung sollten sie nicht verleugnen.

Vatsyayanas Vision des Gleichgewichts war auf dieser Ganzheit begründet, ein allumfassendes Ideal, bei dem jede Situation die Gelegenheit bot, selbstbewusster zu werden und die eigenen Möglichkeiten zu erweitern. Auch war das Lernen nicht mit dem körperlichen Akt beendet, sondern schloss sogar die Umgebung, den Ort, das Verhalten, die körperliche Reinheit, gute Manieren, Anziehungskraft, Kenntnis aller Künste und einen feinen Sinn für Ästhetik ein.

Das *Kamasutra* enthält einige Vorstellungen, die zu den Grundsätzen des Tantra geworden sind, obwohl es eigentlich kein tantrischer Text ist: Der Liebesakt ist nicht nur dazu da, um Vergnügen zu haben und sich fortzupflanzen, er ist auch ein Weg zum spirituellen Erwachen, er

Gegenüberliegende Seite: *Das Streben nach der Vereinigung mit dem höheren Bewusstsein ist der eigentliche Sinn des menschlichen Lebens*

verhilft den Paaren zu mehr Harmonie und Glück. Der erste Schritt in diese Richtung war, das richtige Wissen und Verständnis dafür zu haben, dass die *Kama Shastras* den Menschen halfen, sich vom Tier zum Menschen zu entwickeln und das Göttliche anzustreben. Diese Erkenntnis mündete in dem Wunsch, ein höheres Bewusstsein anzustreben und deshalb die Menschen dazu zu bringen, den Geschlechtsverkehr mehr zu einem spirituellen Vorgang werden zu lassen als zu einem rein hedonistischen Vergnügen.

Tantra

Dieselben Grundsätze tauchten einige Jahrhunderte später als Lehren des Tantra auf. Diese wichtige Richtung des Hinduismus erkannte die Bedeutung von sexueller Freiheit bei der Befreiung der Seele und sah Sex als ein entscheidendes Mittel an, um sowohl Glück zu erlangen als auch Gott körperlich zu erfahren. Tantra lehrte seine Anhänger, ihre Sexualpartner zu verehren und den Liebesakt zu einer heiligen Handlung werden zu lassen. Das Wort "tantra" bedeutet in Sanskrit "weben" und wurde oft interpretiert als das Verweben des männlichen und weiblichen Prinzips. Tantra hatte das Ziel, die Dualität der beiden Geschlechter zu überwinden. Die kraftvolle Energie der Liebe sollte die getrennten Wesen von Mann und Frau in einem ekstatischen Akt wieder vereinen und den Menschen helfen, einen höheren mystischen Zustand des Bewusstseins zu erreichen. Auf diese Weise wurde die Ganzheit heilig, denn sie stellte die Vereinigung mit dem Göttlichen dar.

Die Anhänger des Tantra glauben, dass die Momente vor dem Orgasmus eine Art Meditation seien und dieselbe Euphorie auslösen. Der Orgasmus ist ähnlich dem *samadhi* oder der Einheit mit dem höheren Bewusstsein, wenn auch auf einer zeitlich begrenzten Ebene, aber er vermittelt dasselbe Stadium der Verzückung. Kurz vor der Ejakulation ist der Geist am reinsten, auf einen Punkt gerichtet, und an diesem Punkt entrückt man seinem Körper. Wenn der Verstand frei von Gedanken ist, das Gefühl für das "Ich" sogar zeitweilig verschwindet, wenn der egozentrische Blick auf die Welt wegfällt und man ganz auf das Glück des Augenblicks konzentriert ist, erreicht man eine höhere Ebene des Seins, so etwas Ähnliches wie ein "göttliches Bewusstsein".

Gegenüberliegende Seite:
Die Anhänger des Tantra glauben, dass beim Orgasmus dieselben euphorischen Gefühle entstehen wie bei der Meditation und dass er zeitweise sogar den Geist freisetzt

Auch moderne Psychologen räumen ein, dass diese starke sexuelle Energie auf höhere Ebenen übertragen werden kann – typischerweise auf die Kunst und Spiritualität. "Elemente des sexuellen Instinkts zeichnen sich aus durch die Fähigkeit, das sexuelle Verlangen in ein anderes, sozial wertvolleres zu verwandeln. Aus der Summe dieser Energien erhalten wir wahrscheinlich das höchste Ergebnis für unsere Kultur", sagte Sigmund Freud. Er folgerte, dass der Grund unseres Bedürfnisses nach Liebe in der Erfahrung der Trennung und dem daraus folgenden Wunsch nach der Erfahrung der Vereinigung liegt.

Sexualität weist aber nicht nur den Weg zum Göttlichen, sondern ist auch kreativ und bildet die Basis von ästhetischem Empfinden und allen Arten der Kunst. "*Maithunam paramam tatvam, shrushti stithi anya karanam* ... (Der Koitus ist das eigentliche Prinzip, das hinter Schaffung, Erhaltung und Zerstörung des Universums steht)", sagt Gott Shiva im *Kailash Tantra*. Sexualität fand ihren Ausdruck in Malerei, Bildhauerei, Literatur, Dichtkunst, Dramaturgie, Theologie, also in jedem Bereich des menschlichen Lebens. Wie in der Literatur wurde auch in der indischen Kunst die Erotik deutlich zum Ausdruck gebracht; keine Äußerung des Lebens wurde ausgelassen: Es gibt Darstellungen von Männern und Frauen, die miteinander beschäftigt sind, mit vielen Partnern, Tieren und Gegenständen. Enthaltsamkeit, Monogamie, Polygamie und Vielmännerei – alles hat seinen Platz. Im festen Glauben, dass Sexualität eine Metapher für die Vereinigung der menschlichen Seele mit dem Göttlichen ist, verbinden viele indische Künste Göttlichkeit mit Sinnlichkeit. Die Darstellungen zeigen sexuelle und autoerotische Handlungen von Männern und Frauen, einschließlich Göttern und Göttinnen und Aristokraten. Die Wände von Tempeln scheinen die visuelle Interpretation von Passagen des *Kamasutra* und anderer erotischer Texte zu zeigen.

Alle hinduistischen Künste stellen Göttinnen als aufreizende Frauen dar. Parvati, die schönste von ihnen, hat eine schmale Taille, große Brüste und Hüften, wie auch Lakshmi, Saraswati und alle anderen Haupt- und Nebengöttinnen. Obwohl viele Gemälde keine religiöse Funktion hatten, basierten sie auf religiösen oder mythologischen Themen, die sinnlich umgesetzt wurden. Themen wie *nayika bheda* (Unterscheidung von Helden und Heldinnen) oder *ragamala* (ein Reigen musikalischer Themen), alle verbanden Verlangen und Unter werfung in genialer Weise. In Kunst und Literatur verkörperte Gott Krishna den archetypischen Helden und Radha die ideale Heldin. Ihre körperliche Sehnsucht nach einander wurde als eine Metapher für das Flehen der Seele nach der Vereinigung mit dem Göttlichen betrachtet. Daher gab es keinen gewöhnlichen Sex. Jeder Liebesakt war mystisch und wurde auf eine spirituelle Ebene gehoben.

Der Konflikt zwischen Askese und Erotik

Obwohl wenige die Verbindung zwischen sexuellen und spirituellen Energien bezweifeln, findet man in der indischen Tradition das Ideal der Erotik ebenso wie das der Askese. Während einer Lehrmeinung zufolge Sexualität die Spiritualität erhöht, vertritt eine andere die Auffassung, dass man die eigenen sexuelle Energien sublimieren muss, um Spiritualität zu erlangen. Der Konflikt zwischen Askese und Erotik, zwischen Leidenschaft und *vairagya* oder Lebensüberdruss, zwischen Geburt und Tod, kommt am besten im Mythos von Kamadeva zum Ausdruck, dem Gott des Verlangens, der von Shiva verbrannt wurde. Shivas Zweifel, ob er asketisch bleiben solle, wurde als abträglich für das Weiterbestehen des Lebens angesehen, und daher wurde Kamadeva bestimmt, Shiva davon zu überzeugen, den Schöpfungsprozess am Leben zu erhalten. In seiner Buße gestört, öffnete der Gott sein drittes Auge und verbrannte Kamadeva zu Asche. Doch auf Geheiß aller anderen Göttern erwachte dieser sofort zu neuem Leben, denn ohne Kamadeva gab es keine Fortpflanzung. So wurde die Spaltung zwischen Askese und Erotik

Der Gegensatz zwischen Askese und Erotik wird nicht durch Leugnen des Verlangens aufgelöst, sondern durch Übertragen der Begierden auf eine höhere Ebene des Seins

aufgelöst, nicht durch Leugnen der Existenz des Verlangens, sondern durch Übertragen dieser Begierden auf eine höhere Ebene des Seins. Beide Wege ermöglichten, nach der Glückseligkeit oder *Ananda* zu streben.

Der Sexualakt brachte zwar Befriedigung, doch begrenzt und vergänglich. Wie konnte man diese Erfahrung verlängern? Die *Shastras* empfehlen zwei Wege: Der erste Weg rät, das Single-Dasein zu kultivieren und die orgastischen Energien nach innen zu wenden; der zweite Weg ist der, über die sexuelle Erfahrung hinauszugehen und die Energien auf kreative Tätigkeiten außerhalb des Geschlechtsverkehrs zu richten. Das führt uns zur Enthaltsamkeit.

Enthaltsamkeit

Wenn die Menschen im mittleren Alter sind, lässt die Sorge um die Sexualität nach. Sie werden immer noch Sex haben, aber distanziert und sich daher verständlicherweise der Enthaltsamkeit zuwenden. Deshalb sahen die Weisen Enthaltsamkeit nicht als den Verlust der sexuellen Energie an, sondern als das Lenken dieser Energien auf andere Bereiche des Lebens. Es ist das Übertragen des sexuellen, körperlichen Vergnügens der Sinne auf eine Erfahrung jenseits dieser Gefühle. Enthaltsamkeit wurde als die Fähigkeit verstanden, Ekstase in sich

selbst zu finden und zu erleben und die sexuellen Energien in meditative oder spirituelle Erfahrungen umzuleiten. Es war der Rückzug von Verstand und Körper von den Gefühlen.

Die sexuellen Unstimmigkeiten und Machtkämpfe zwischen Männern und Frauen werden oft als stellvertretender Kampf zwischen der Menschheit und Gott interpretiert. Sexuelle Einschränkung gilt demnach als die Wiederspiegelung der Verbindungslosigkeit zur Welt. Die zwischenmenschlichen Beziehungen zu stärken, ist ein Weg die Verbindung des Einzelnen zum Göttlichen zu stärken. Wie wir uns selbst und andere lieben, zeigt an, inwieweit wir dem Göttlichen näher gekommen sind. Sexuelle Energie auf andere Bereiche zu übertragen kann uns helfen, das Vergnügen zu steigern und den Schmerz zu verringern und durch besonders sinnliches Lieben uns das Geheiligte vorzustellen. Deshalb sollte der erste Schritt zum Glück sein, die Einheit mit anderen Lebewesen, der Natur und der Welt zu erfahren und sich selbst nicht als ein abgespaltenes Sein zu betrachten.

Das *Kamasutra* lehrte die Kunst, die verborgenen Dimensionen der Einheit von Körper und Geist zu erforschen, die die moderne Wissenschaft erst allmählich anzuerkennen beginnt. Aus heutiger Perspektive betrachtet eröffnet uns das *Kamasutra* eine radikal andere Sicht auf die Sexualität: Sex ist ein berechtigter, wenn auch begrenzter Ausdruck von Glückseligkeit und ein Mittel, mit einem höheren Bewusstsein in Berührung zu kommen.

Titel der englischen Originalausgabe:
Kama Sutra for women

Übersetzung: Sylvia Winnewisser
Redaktion dieser Ausgabe: Dr. Iris Hahner
Fotos und Dokumente:
Roli Collection und Sandhya Mulchandani

ISBN 3-8112-2462-X

5 4 3 2 1

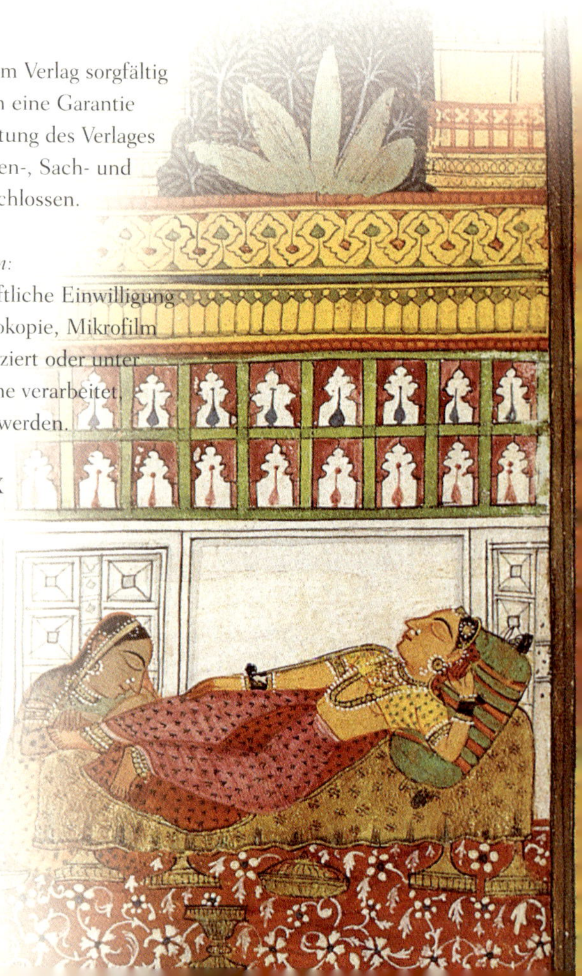